U0541286

国家智库报告 2019（36）
National Think Tank
中国非洲研究院文库·智库系列

中国与埃及友好合作

王林聪 朱泉钢 著

FRIENDLY COOPERATION BETWEEN CHINA AND EGYPT

中国社会科学出版社

图书在版编目(CIP)数据

中国与埃及友好合作 / 王林聪，朱泉钢著 . —北京：中国社会科学出版社，2019.10

（国家智库报告）

ISBN 978-7-5203-5461-5

Ⅰ.①中… Ⅱ.①王…②朱… Ⅲ.①中外关系—友好往来—埃及 Ⅳ.①D822.241.1

中国版本图书馆 CIP 数据核字（2019）第 232549 号

出 版 人	赵剑英
项目统筹	王　茵
责任编辑	喻　苗
特约编辑	范晨星
责任校对	张依婧
责任印制	李寡寡

出　　版	中国社会科学出版社
社　　址	北京鼓楼西大街甲 158 号
邮　　编	100720
网　　址	http://www.csspw.cn
发 行 部	010-84083685
门 市 部	010-84029450
经　　销	新华书店及其他书店
印刷装订	北京君升印刷有限公司
版　　次	2019 年 10 月第 1 版
印　　次	2019 年 10 月第 1 次印刷
开　　本	787×1092　1/16
印　　张	11
插　　页	2
字　　数	110 千字
定　　价	59.00 元

凡购买中国社会科学出版社图书，如有质量问题请与本社营销中心联系调换
电话：010-84083683
版权所有　侵权必究

充分发挥智库作用
助力中非友好合作

——《中国非洲研究院文库》总序

当今世界正面临百年未有之大变局。世界多极化、经济全球化、社会信息化、文化多样化深入发展，和平、发展、合作、共赢成为人类社会共同的诉求，构建人类命运共同体成为各国人民共同的愿望。与此同时，大国博弈激烈，地区冲突不断，恐怖主义难除，发展失衡严重，气候变化凸显，单边主义和贸易保护主义抬头，人类面临许多共同挑战。中国是世界上最大的发展中国家，是人类和平与发展事业的建设者、贡献者和维护者。2017年10月中共十九大胜利召开，引领中国发展踏上新的伟大征程。在习近平新时代中国特色社会主义思想指引下，中国人民正在为实现"两个一百年"奋斗目标和中华民族伟大复兴的"中国梦"而奋发努力，同时继续努力为人类做出新的更大的贡献。非洲是发展中国家最集中的大陆，是维护世界和平、促进全球发展的重要力量之一。近年来非洲在自主可持续发展、联合自强道路上取得了可喜进展，从西方眼中"没有希望的大陆"变成了"充满希望的大陆"，成为"奔跑的雄狮"。非洲各国正在积极探索适合自身国情的发展道路，非洲人民正在为实现"2063年议程"与和平繁荣的"非洲梦"而努力奋斗。

中国与非洲传统友谊源远流长，中非历来是命运共同体。中国高度重视发展中非关系，2013年3月习近平同志担任国家主席后首次出访就选择了非洲，2018年7月习近平同志连任国家主席后首次出访仍然选择了非洲。6年间，习近平主席先后4次踏上非洲大陆，访问坦桑尼亚、南非、塞内加尔等8国，向世界表明中国对中非传统友谊倍加珍惜，对非洲和中非关系高度重视。2018年中非合作论坛北京峰会成功召开。习近平主席在此次峰会上，揭示了中非团结合作的本质特征，指明了中非关系发展的前进方向，规划了中非共同发展的具体路径，极大完善并创新了中国对非政策的理论框架和思想体系，成为习近平外交思想的重要理论创新成果，为未来中非关系的发展提供了强大政治遵循和行动指南，是中非关系发展史上又一次具有里程碑意义的盛会。

随着中非合作蓬勃发展，国际社会对中非关系的关注度不断加大，出于对中国在非洲影响力不断上升的担忧，西方国家不时泛起一些肆意抹黑、诋毁中非关系的奇谈怪论，诸如"新殖民主义论""资源争夺论""债务陷阱论"等，给中非关系发展带来一定程度的干扰。在此背景下，学术界加强对非洲和中非关系的研究，及时推出相关研究成果，提升国际话语权，展示中非务实合作的丰硕成果，客观积极地反映中非关系良好发展，向世界发出中国声音，显得日益紧迫重要。

中国社会科学院以习近平新时代中国特色社会主义思想为指导，按照习近平主席的要求，努力建设马克思主义理论阵地，发挥为党和国家决策服务的思想库作用，努力为构建中国特色哲学社会科学学科体系、学术体系、话语体系做出新的更大贡献，不断增强我国哲学社会科学的国际影响力。我院西亚非洲研究所是根据毛泽东主席批示成立的区域性研究机构，长期致力于非洲问题和中非关系研究，基础研究和应用研究并重，出版发表了大量学术专著和论文，在国内外的影响力不断扩大。以西亚非洲研究所为主体于2019年4月成立的中国非洲研究院，是习近平主席在中非合作论坛北京峰会上宣布的加强中非人文交流行动的重要举措。

按照习近平主席致中国非洲研究院成立贺信精神，

中非研究院的宗旨是：汇聚中非学术智库资源，深化中非文明互鉴，加强治国理政和发展经验交流，为中非和中非同其他各方的合作集思广益、建言献策，增进中非人民相互了解和友谊，为中非共同推进"一带一路"合作，共同建设面向未来的中非全面战略合作伙伴关系，共同构筑更加紧密的中非命运共同体提供智力支持和人才支撑。中国非洲研究院有四大功能：一是发挥交流平台作用，密切中非学术交往。办好"非洲讲坛""中国讲坛"，创办"中非文明对话大会"。二是发挥研究基地作用，聚焦共建"一带一路"。开展中非合作研究，定期发布研究课题及其成果。三是发挥人才高地作用，培养高端专业人才。开展学历学位教育，实施中非学者互访项目。四是发挥传播窗口作用，讲好中非友好故事。办好中英文中国非洲研究院网站，创办多语种《中国非洲学刊》。利用关于非洲政治、经济、国际关系、社会文化、民族宗教、安全等领域的研究优势，以及编辑、图书信息和综合协调实力，以学科建设为基础，加强学术型高端智库建设。

为贯彻落实习近平主席的贺信精神，更好汇聚中非学术智库资源，团结非洲学者，引领中国非洲研究工作者提高学术水平和创新能力，推动相关非洲学科融合发展，推出精品力作，同时重视加强学术道德建设，中国非洲研究院面向全国非洲研究学界，坚持立足中国，放眼世界，特设"中国非洲研究院文库"。"中国非洲研究院文库"由中国非洲研究院统一组织出版，下设多个系列丛书："学术著作"系反映非洲发展问题、发展道路及中非合作等系统性专题研究成果；"经典译丛"主要把非洲学者有关非洲问题研究的经典学术著作翻译成中文出版，力图全面反映非洲本土学者的学术水平、学术观点和对自身的认识；"法律译丛"即翻译出版非洲国家的投资法、仲裁法等重要法律法规；"智库报告"以中非关系为研究主线，为新时代中非关系顺利发展提供学术视角和智库建议；"研究论丛"基于国际格局新变化、中国特色社会主义进入新时代，集结中国专家学者对非洲发展重大问题和中非关系的创新性学术论文。

期待中国的非洲研究和非洲的中国研究在中国非洲研究院成立的新的历史起点上，凝聚国内研究力量，联合非洲各国专家学者，开拓进取，勇于创新，不断推进我国的非洲研究和非洲的中国研究以及中非关系研究，从而更好地服务于中非共建"一带一路"，助力新时代中非友好合作全面深入发展。

中国社会科学院副院长　中国非洲研究院院长
蔡　昉

摘要： 埃及地理位置独特、人力资源丰富，兼具阿拉伯国家、非洲国家和伊斯兰国家等多重属性，长期奉行务实、多元和平衡的外交政策，在非洲和中东地区有着举足轻重的影响力。中埃两国友好交往有着深厚的历史和现实基础，两国同属于发展中国家群体，经历相似，命运与共，在国际事务中相互支持，堪称南南合作的典范。新时期，中埃确立了全面战略伙伴关系，"一带一路"共建又为中埃深入合作注入了新动能，展现了新机遇，两国关系全面跃升，集中表现在高质量的政策沟通、不断发展的设施联通、稳步升级的贸易畅通、逐渐深化的资金融通和日益紧密的民心相通等方面，"一带一路"倡议与埃及的"2030愿景"战略对接稳步推进。在国际体系转型和世界充满不确定性的背景下，中埃合作具有战略性、全面性、伙伴性、开创性和示范性等特点。中埃战略合作不仅有利于中埃两国的发展和稳定，而且有利于非洲和中东地区的和平与繁荣，是构建"人类命运共同体"的重要实践。本报告认为，中埃战略伙伴关系的高质量发展，一是需要以新安全观推进安全环境建设，有效防范和应对各种安全风险；二是需要以新发展观推进国家能力建设，把握数字经济时代脉搏，立足于提升自主创新能力；三是需要以"一带一路"共建为契机，促进产能合作，助推埃及工业化进程，实现经济可持续发展；四是需要扩宽中埃交流机制，建立多层面特别是青年群体交流渠道，加深好感度，推动民心相通，实现中埃关系更高层次、更高水平和持久发展。

关键词：中国；埃及；全面战略伙伴关系；"一带一路"；"2030愿景"；战略合作

Abstract: With its unique geographical location, abundant human resources, multiple identities of Arab countries, African countries and Islamic countries, and pragmatic, pluralistic and balanced foreign policy, Egypt plays a pivotal role in Africa and the Middle East. The friendly relations between China and Egypt have a profound historical and realistic foundation. The two countries are both developing countries. They have similar experiences, share their destiny and support each other in international affairs, so their relationship is a model for South-South cooperation. In the new era, China and Egypt have established a comprehensive strategic partnership, and the joint construction of "One Belt, One Road" has injected new momentum into the deep cooperation between China and Egypt. The "Belt and Road Initiative" and the "Egypt Vision 2030" have been coordinated well, and the relationship between the two countries has risen steadily, which reflects in the following fields: high-quality policy communication, continuous development of facilities connection, smooth upgrade of trade relations, constant deepening of financial support, and closer ties of people-to-people exchanges. Under the background of the transformation of the international system and the uncertainty of the world, Sino-Egyptian cooperation is characterized by strategic, comprehensive, partnership, pioneering and exemplary. The strategic cooperation between the two countries is not only conducive to the development and stability of China and Egypt, but also conducive to peace and prosperity of Africa and the Middle East. Meanwhile, it is an important practice in building "a human community with a shared future." This report believes that the high-quality development of China-Egypt strategic partnership will be achieved by the following ways: 1) we need to promote of a safe environment with a new security concept, and prevent and respond to various security risks effectively. 2) we need to promote national capacity building with a new development concept, grasp the digital economy opportunity, and enhance independent innovation abilities. 3) we need to take the joint construction of "One Belt, One Road" as an opportunity to promote capacity cooperation, boost the process of industrialization in Egypt, and achieve sustainable economic development. 4) we need to expand the exchange mechanism between China and Egypt, establish the multi-level exchange channels, especially the channel of youth groups, deepen the sense of goodwill, promote the people-to-people connection, and achieve a higher level of sustained development of Sino-Egyptian relations.

Key words: China, Egypt, Comprehensive Strategic Partnership, "One Belt, One Road" Initiative, Egypt Vision 2030, China-Egypt Strategic Cooperation

目　录

前言　埃及的国际地位及其影响 ……………（1）

一　埃及政治和经济发展环境 ………………（1）
　　（一）埃及政治制度和政治发展特点 ………（2）
　　（二）埃及经济发展的环境和特点 …………（12）
　　（三）埃及法制环境及其特点 ………………（24）

二　中埃关系的发展和全面战略关系的形成……（32）
　　（一）埃及对外关系的基本特点 ……………（33）
　　（二）中埃关系的历史与现实基础 …………（44）
　　（三）中埃全面战略合作伙伴关系的
　　　　　确立及其特点 ………………………（52）

三　"一带一路"和中埃合作新机遇和新动力 ……（65）
　　（一）中国"一带一路"与埃及"2030
　　　　　愿景"战略对接分析 …………………（65）

（二）中国和埃及共建"一带一路"的

　　　机遇和动力 ……………………（73）

（三）中国与埃及共建"一带一路"的

　　　主要领域和进展 …………………（81）

四　新时代中埃建设全面战略关系的途径和建议 ………………………………（103）

（一）以新发展观推进中埃国家

　　　能力建设 …………………………（103）

（二）以新安全观推进中埃安全

　　　环境建设 …………………………（116）

（三）中埃合作中面临的风险和

　　　应对方略 …………………………（127）

结论　共建"一带一路"，推动中埃关系迈上新阶段 ………………………………（142）

参考文献 …………………………………（151）

前言　埃及的国际地位及其影响

一个国家的国际地位取决于其综合实力、国际责任和国际行为能力——对国际体系的塑造力和影响力。

早在法老时代，埃及就是亚非世界的重要强国。在漫长的历史进程中，埃及扮演过西亚非洲国际体系的塑造者角色，展现了举足轻重的国际影响力。历史发展赋予了埃及深厚的文明积淀和文化影响力，同时塑造了埃及具有阿拉伯国家、非洲国家和伊斯兰国家的多重属性。

一　现代埃及的国际地位

独特的地缘战略地位和多重身份属性。埃及地处亚、欧、非三大洲的交汇处，自古就是连接东方与西方、亚欧大陆与非洲大陆的贸易和交通要道，又扼守国际航运要道苏伊士运河，有着极其重要的地缘战略位置。漫长的历史进程塑造了埃及多样性和多重身份特征。埃及兼具阿拉伯国家、非洲国家和伊斯兰国家等多重身份属性。

埃及是塑造地区国际体系的重要力量。埃及是阿拉伯世界、非洲大陆、伊斯兰世界举足轻重的大国。20世纪埃及扮演着"革命年代"的旗手,从1919年革命到1952年革命,埃及引领阿拉伯世界和非洲大陆开创民族独立运动的先河,是变革的倡导者和先锋,阿拉伯统一运动的主要推动者。埃及开罗是阿盟总部所在地,埃及是阿以战争的核心国家,又是阿以和平进程的开拓者、中东地区稳定的关键力量,是解决中东地区和阿拉伯世界事务的重要角色之一。可以说,在20世纪的历史进程中,在西亚非洲地区,埃及无论是在民族主义革命还是现代化建设中都扮演着引领者的角色,并发挥地区稳定器的作用。

埃及还是世界不结盟运动的发起国,是第三世界具有重要影响力的国家,在国际事务中表现活跃,很长时间内引领着发展中国家的外交潮流。在国际维和事务、全球气候治理、国际贸易体制改革等议题中,都有着埃及的活跃身影。埃及凭借其独特的地理位置、丰富的人力资源、具有吸引力的软实力,以及长期奉行的多元平衡外交政策,塑造了地区大国和强国的地位。

国力变化影响着埃及的国际地位。21世纪的埃及正处在变革的关键期,处在从动荡走向稳定的过渡期。

肇始于2010年的西亚北非政治动荡，导致埃及的综合国力显著下降，其国际地位出现了剧烈变动。动荡之前，埃及是中东地区的稳定器，埃及对中东和平进程以及地区局势有着举足轻重的影响力和斡旋能力。2011年埃及成为动荡之旋涡，教俗矛盾加剧，内部纷争不断，特别是穆斯林兄弟会执政后政治矛盾尖锐，经济急剧下滑，社会失稳，国力受损，从而极大地制约了埃及在中东地区的影响力，参与地区事务的行为能力也有所下降。

2014年塞西总统执政，埃及的综合国力有所回升，经济缓慢恢复，在地区事务中的影响力呈现恢复性增长，逐渐走出动荡旋涡，初步形成了政治稳定、经济发展、外交活跃的局面。2019年年初，埃及人口规模达到1.02亿，另有600万海外侨民。2018年国内生产总值为2509亿美元，人均国内生产总值2907美元，仍属于低中等收入国家。2017—2018年埃及担任联合国非常任理事国。2019年埃及当选非盟轮值主席国。正在恢复稳定和发展的埃及，其国际地位逐渐回升。埃及具备成为地区强国的基本要素，未来随着国力的进一步提升，埃及作为非洲地区和阿拉伯世界最重要的国家之一，必将发挥更大的作用。

二 塞西时代埃及的新定位

2014年6月8日塞西当选埃及总统，2018年又成功连任总统。这是"一·二五革命"之后埃及局势发展的反映，更是民众对塞西第一任期执政成绩的认可。塞西总统对于埃及未来的发展具有清晰的定位，这集中反映在他第二任期的就职演说中。

塞西对埃及的目前状况进行了判断。他认为，动荡之后，埃及的地位和作用严重下降，他的第一任期是国家历史上面临最大挑战的时期。在其第一任期中，政府致力于加速政治、经济和社会层面的改革步伐，对抗埃及面临的安全风险。政府雄心勃勃地启动了一系列大型国家项目建设，旨在增加国家资产，改善基础设施，以及提供大量就业机会。与此同步，政府全面推进经济改革，目的是解决经济下滑问题，同时也提供社会保护方案，以此解决经济改革的负面影响。通过埃及民众坚定的决心和辛勤的工作，埃及得以度过艰难的时期，走向更加坚实和稳定的未来，意志坚定地去打赢建设国家的关键战役。

塞西从国家发展和外交方向两个方面，详述了埃及今后的施政总纲。他指出，在下一阶段的国家发展方向中，埃及人民的发展仍是首要任务。埃及政府将通过一系列的国家项目和工程，优先发展教育、卫生和文化事业。这些项目旨在促进埃及人民在各个领域的发展，政府期待运用综合和科学的体系发展教育和卫生系统，因为它们对保持埃及社会的强大和凝聚力至关重要。在国际关系领域，埃及将在伙伴关系和共同利益的框架内，继续稳步加强与国际社会和地区各方的平衡关系，不会陷入毫无意义的冲突之中。埃及的外交行动将取决于是否符合国家的最高利益，是否尊重了其他各方的利益，埃及强调主权原则，不干涉他国事务，并提升埃及在地区重要议题中的重大作用。

塞西还指出了埃及国家发展所依凭的力量。他认为，埃及国家的发展需要调动人民的积极性和创造性，"埃及国家的真正财富是人民，只有在物质、精神和文化上实现国民的全面发展，才能重新定义埃及人民的本质"。埃及妇女及其所有家庭成员（青年、老人和孩子）将为争取发展和国家建设而奋斗。他们播下希望，确保未来美梦成真，并使埃及成为以自由和民主为基础的现代国家。同时，他极力强调安全部门的作用，"人民的意愿受到英雄的埃及武装部队和警察的保护，他们为维护国家的尊严和荣誉做出了重大牺牲"。

塞西对反恐问题十分重视。他认为，恐怖主义企图破坏埃及人民家园的统一，让埃及承受经济、社会和政治的重大挑战，对各行各业造成负面影响。历史上，埃及爱资哈尔清真寺和科普特教堂并存，彰显着和平和宽容。对抗恐怖主义，要充分发挥埃及的多样性和丰富的文化。他强调，差异是埃及人民和国家的力量，接受他者并共建共同空间，将有助于实现社会和平并达成社会共识，实现真正的政治发展和经济发展。除了那些选择暴力、恐怖主义和极端主义意识形态来实现自身意志和支配的人之外，共同空间向任何人开放，埃及是所有埃及人的埃及。

本报告在全面把握埃及当代历史进程的基础上，分析其国际地位变化以及重大战略发展规划调整，拟就现阶段中埃关系的新变化、新进展和新特点进行分析，深入探索中埃共建"一带一路"的基础和条件、动力和主要领域，以及提出对策和建议。本报告分为埃及的发展环境、中埃关系发展、"一带一路"与中埃合作、中埃建设全面战略伙伴关系的途径和建议等四个部分。

一　埃及政治和经济发展环境

"一·二五革命"以来，埃及的政治结构和制度安排发生了多次变化，从总统选举到修宪公投，埃及政治进程的目标，一是巩固世俗政权的稳定，二是通过权力集中等方式，改善民生状况，提升埃及在地区和国际社会上的地位。在埃及的政治转型进程中，埃及政治生态主要由自由主义力量、军队、伊斯兰主义者三方之间的合作斗争和分化组合所决定。埃及自由主义力量虽然颇受西方青睐，但他们与埃及当地社会实际脱节，再加上政治经验不足，因此缺乏广泛的政治支持基础和社会资源，他们在后穆巴拉克时期的埃及政治发展中的实际影响力相对有限。[1] 革命八年来，埃及政局从短暂的伊斯兰主义崛起重归军方主导，基本上是伊斯兰主义力量和军队的"二重唱"。

---

[1] 朱泉钢、王林聪：《论军队在埃及变局及其政治转型中的作用》，《西亚非洲》2014年第3期。

后穆巴拉克时期，埃及的经济状况在经历了革命后的阵痛之后有所恢复，但经济发展仍面临结构性的问题。埃及革命以来，政府积极降低消费补贴，推进财政改革；改革税收制度，鼓励外部投资；兴建基础设施，缓解就业压力。这些举措虽然有利于经济复苏，但囿于结构性问题积重难返，埃及经济发展相对有限。根据世界银行的数据分析，埃及的年经济增长率从2010年的5.1%骤降到2011年的1.8%，2018年复苏为5.3%，略高于"一·二五革命"之前的水平。[①] 整体看来，埃及依赖油气、旅游、侨汇、运河的"食利型"经济结构没有根本改变。政府的官僚机构依旧臃肿，给国家财政造成巨大负担。此外，埃镑贬值严重，通货膨胀率高企，国家出口乏力，外债高筑，失业率居高不下。

（一）埃及政治制度和政治发展特点

"一·二五运动"之后的埃及，政局跌宕起伏，瞬息万变。短短的八年多时间里，经历了四位总统、八位总理和三部宪法。穆巴拉克下台之后，武装部队最

[①] "Country Profile: Egypt", http://databank.worldbank.org/data/views/reports/reportwidget.aspx? Report_Name = CountryProfile&Id = b450fd57&tbar = y&dd = y&inf = n&zm = n&country = EGY.

高委员会主席坦塔维兼任临时总统，在此期间，沙菲克、谢拉夫和詹祖里先后出任总理。2012年穆兄会的代表穆尔西出任总统，甘迪勒担任总理。2013年6月底7月初，埃及政局再度发生剧变。曼苏尔在2013年穆尔西被军方罢黜后出任代总统，7月9日，曼苏尔总统颁布法令，任命哈兹姆·贝卜拉维（Hazem Al-Beblawi）为过渡期临时政府总理。2014年2月25日，曼苏尔总统接受贝卜拉维政府内阁辞呈，并任命易卜拉欣·马哈拉卜（Ibrahim Mahlab）为临时政府总理。3月1日，临时政府内阁成员宣誓就职。2014年6月，塞西当选总统后成立新一届政府，马哈拉卜留任总理。2015年9月，埃及政府改组，谢里夫·伊斯梅尔（Sheref Ismail）出任总理。2016年3月，埃及政府再次改组，谢里夫·伊斯梅尔留任总理。2018年，塞西连任总统后，穆斯塔法·马德布利在6月组建新内阁。目前主要阁员有：国防部长穆罕默德·扎基、内政部长马哈茂德·陶菲克、外交部长萨迈赫·舒凯里、财政部长穆罕默德·马伊特等。埃及政治发展呈现出阶段性特征，即从稳定到失稳再逐渐趋于稳定。同时，也表现出曲折性和反复性。目前，埃及的政治环境主要有以下特点。

1. 政权类型保持世俗性质

在经历了"一·二五革命"和"七·三事件"洗

礼之后，2014年埃及宪法规定了埃及是世俗共和制国家，也标志着迈向共和国发展的新阶段。在政治制度的基本框架上，宪法强调：第一，在政党制度上，政党的建立不得以宗教为基础，从而进一步限制穆兄会的基层参政能力。第二，在议会制度上，取消了协商会议（议会上院），由两院制改为一院制（即人民议会）。第三，关于人民权利，明确维护男女两性在政治、经济、社会和文化等领域的平等权利，并且保护妇女免受各种形式的暴力侵犯（宪法第11条）。第四，维护了军方在政治、司法乃至经济等领域的独特地位。军队有权通过军事法庭审判平民，而不必通过必要的司法程序，这无疑加强了军队的司法特权；继续强调军队预算的独立性和秘密性。新宪法的颁布，在一定程度上宣示了现政权的合法性，确定了埃及的世俗国家属性和发展定位。

2. 军队地位举足轻重

"一·二五革命"之后，尤其是2013年军方推翻穆尔西政权以来，埃及军政关系的砝码明显偏向军方，具体表现在以下几个方面：[1] 第一，军方在政府中地位明显上升，前国防部长塞西将军在2014年总统选举中

---

[1] 王建：《军队在埃及政治和经济秩序重建中的作用》，《阿拉伯世界研究》2016年第6期。

获胜是最显著的表现。此外，政府在2014年10月宣布萨达尔（Khaled Abdel-Sallam al-Sadr）少将出任埃及众议院的秘书长，负责主持议会的日常事务，他是第一位出任该职位的军人。再者，2013年8月，大多前军队高官出任埃及的省市地方长官。第二，军方在军队团体事务中依旧具有决定性作用。2014年宪法规定，军队委员会任命国防部长，军事法庭作用增强，军队预算依旧不受议会监督。第三，除了继续在外部安全事务中享有主导地位，军方在内部安全政策制定中的作用有所扩展。塞西通过总统法令，加强军队在国家内部安全中的作用，并且扩展军事法庭的权限。2014年10月27日的法令允许军队援助警察保卫公共设施；之前新通过的法令规定军事法庭有权审判那些阻碍道路、攻击公共财产的平民；军队主导着打击西奈地区极端主义力量的事务。[1] 第四，军队在经济社会中的作用进一步增强。在推翻穆尔西政权仅仅一年时间里，埃及国防部便从卫生部、交通运输部、住建部和青年部那里获得价值数十亿美元的协议。

埃及军队作用的增强主要有以下几个原因。第一，在客观条件上，前文官政权的政治合法性较低、埃及

---

[1] Amr Adly, "The Military Economy and the Future of the Private Sector in Egypt", September 06, 2014, https://carnegie-mec.org/2014/09/06/military-economy-and-future-of-private-sector-in-egypt-pub-56568.

社会极化、经济混乱、内部威胁和地区环境恶化等因素反过来凸现军队的作用。第二，在制度因素上，围绕军方代表塞西，形成了一批支持精英，主要包括前穆巴拉克政府的一些要员，部落和氏族领导，一些自由和左翼政党，大商人和机会主义者。第三，在主观因素上，军队的自我认知和整个社会的政治文化有利于军人参政。长期以来，军队将自己视为共和国的创立者、建设者和保卫者，而埃及社会民众基本上接受埃及军队的定位。

军方在政治中作用加强的影响是双重的，需要辩证看待。综观塞西的施政纲领，可以将其总结为政治上恢复稳定，经济上促进增长，社会上重塑民族主义精神。军方作用的增强，在短期内对这些方面有积极影响，但长期来看可能存在诸多隐患。第一，在政治上，军方对于国内秩序的恢复和稳定作用明显，包括打击西奈地区的恐怖主义和极端主义力量，甚至越境打击利比亚东部的极端主义据点。恐怖主义和极端主义势力在中东地区上升时，这些举措有利于保障埃及的内部稳定。此外，随着穆尔西时期国内无休止的示威和无序状态得以遏制，国内秩序得以恢复。然而，对大学和宗教机构，新闻媒体和互联网的严密控制长远来看将不利于国家的政治发展。

第二，在经济上，由于军队在国民经济中的作用强大，以及在财政、人力和行政资源方面的优势，军队在埃及经济中的地位进一步提升，有助于短期内恢复外资流入，增加就业机会和促进经济增长。然而，正如有的专家所说，军方主导的经济所具有的不公平竞争性、非透明性和贪腐性不利于埃及经济结构的深层次改革和国家经济的长远发展。[①]

3. 政教关系经历新变化

埃及是一个既有深厚而悠久的伊斯兰传统，又有长期世俗主义实践经历的国家，这种双重属性是埃及历史发展进程形成的。一方面，它塑造了埃及的多元化和多样性社会特性，然而，另一方面，教俗之间的张力常常伴随历史进程而凸显，尤其是在民族国家发展道路选择等问题上产生巨大分歧，它带来的负面效应直接或间接影响着埃及的政治发展。"一·二五革命"以来，教俗斗争贯穿其中，体现了对伊斯兰教作用和话语的不同认知。穆巴拉克下台后，穆兄会经历了短暂的辉煌。2012年埃及下院选举中，穆兄会组建的自由与正义党获得近半数选票。同年，具有穆兄会背景的穆尔西出任埃及总统。然而，随着2013年军方

[①] Zeinab Abul-Magd, "Egypt's Adaptable Officers: Business, Nationalism, and Discontent", in Elke Grawert, Zeinab Abul-Magd (eds.), *Businessmen in Arms: How the Military and other Armed Groups Profit in the MENA Region*, Lanham, Maryland: Rowman & Littlefield Publishers, 2016, p. 27.

罢黜穆尔西,穆兄会很快遭到严厉镇压。

第一,塞西政府利用爱资哈尔清真寺等增强政治权威。长期以来,埃及政府努力探索利用伊斯兰机构为官方服务的机制和措施,塞西政府也不例外。一方面,政府通过向爱资哈尔清真寺施加压力,迫使后者与政府合作。政府不仅多次向爱资哈尔清真寺直接施加压力,敦促它进行改革和现代化,而且塞西在执政初期积极与一些独立的苏菲派谢赫会面,显示政府的宗教合法性不仅仅依赖于爱资哈尔清真寺。

另一方面,政府通过巧妙运用宗教机构,维护政权的合法性。通过利用国家掌管的宗教机构——爱资哈尔清真寺、教法判令委员会(即教令局,Dar-ul-Ifta)和宗教基金部(the Ministry of Awqaf)对民众的诉求进行回应,埃及政府确保爱资哈尔的谢赫在普通的埃及人眼中享有道德合法性。[1] 这些机构的领导人也都努力加强在特定宗教事务领域中的作用。2015年,宗教基金部和爱资哈尔清真寺在星期五主麻日问题上出现争议的时候,塞西总统被邀请到爱资哈尔来定夺此事,再次凸显了政府在宗教事务中的重要作用。

---

[1] Masooda Bano & Hanane Benadi, "Regulating Religious Authority for Political Gains: Al-Sisi's Manipulation of Al-Azhar in Egypt", *Third World Quarterly*, Vol. 39, No. 8, 2018, pp. 1604—1621.

第二，埃及穆斯林兄弟会遭受严厉打击，并经历新的调整。长期以来，穆兄会是埃及共和国中最强大的反对派，它对于埃及和整个中东地区的影响都是巨大的。历史上，穆兄会也曾遭到政府的残酷镇压，例如在纳赛尔统治时期，但是像2013年以来的这种高烈度镇压极为罕见。近年来，埃及政府一直对穆兄会保持高压态势，将其界定为恐怖主义组织，进行坚决打击，多次延长施实紧急状态法，维护稳定局面。

面对严峻的外部形势，穆兄会积极进行内部反思和调整，保障组织生存。一是反思执政失败原因。穆兄会领导人认为，他们并未代表真正的变革者，而是通过选举迅速进入政权。这导致一些革命力量未被吸纳进政权，组织也未建立革命的意识形态，更没能成功重建国家机器。二是改组组织结构。在经历大规模的镇压之后，穆兄会在埃及国内的基本组织依然存在，但进行了地下选举，包括选举总训导师和训导局，并且在土耳其伊斯坦布尔建立外部事务局，从而增强组织的力量。三是调整斗争策略。虽然穆兄会的官方立场仍然是非暴力抵抗，但内部存在着两种不同声音。一些成员认为，由于与政府的安全机构进行暴力冲突不仅毫无胜算，而且破坏性大，因此应当继续进行非暴力斗争，等待时机。另一些人则认为，在政府镇压下,继续和平抵抗显得毫无意义,① 极端化倾向愈加突出。

4. 政治稳定局面逐步形成

2018年3月26日至28日,埃及举行总统大选。时任总统阿卜杜勒-法塔赫·塞西和明日党领导人穆萨·穆斯塔法·穆萨展开角逐。4月2日,埃及全国选举委员会宣布,塞西在总统选举中赢得97.08%的选票,成功获得连任。此次总统选举共有2425万选民参加投票,投票率为41.05%,塞西赢得约2184万张选票,穆萨获得65万余张选票,无效票数超过176万。② 塞西高票当选连任反映了民众对稳定和发展的期待,确保正在实施的各项改革措施能如期推进。

为了避免重蹈动荡危局,确保埃及的稳定和发展,持续进行改革,需要创造法律上的依据。2019年4月20日至22日,埃及启动全民修宪公投。在合法选民(6134万)中,有2719万选民参加投票(投票率

---

① Nathan J. Brown and Michele Dunne, "Unprecedented Pressures, Uncharted Course for Egypt's Muslim Brotherhood", July 29, 2015, http://carnegietsinghua.org/2015/07/29/unprecedented-pressures-uncharted-course-for-egypt-s-muslim-brotherhood/in6r.

② "NEA to Announce Final Results of Egypt's 2018 Presidential Elections on Monday", 1 Apr. 2018, http://english.ahram.org.eg/NewsContent/1/1187/293834/Egypt/-Presidential-Elections--/NEA-to-announce-final-results-of-Egypts--president.aspx.

44.33%），其中，支持修宪选民 2341 万，支持率高达 88.83%。① 此次公投获得通过的宪法修正案中最重要的条款包括将总统任期从 4 年延长至 6 年，并可以再次参选。《宪法》第 140 条规定：共和国总统当选，自其前任任期届满之日起，为期六年，连任不得超过两届；第 241 条规定："现任总统的任期将于其 2018 年当选为共和国总统之日起六年后届满，可以再次当选。"许多评论认为现任总统塞西若连续当选，将执政至 2030 年。宪法修正案内容还包括下院即众议院的议席也将从 596 个减少到 450 个，其中至少 25% 留给女性；重新设立议会上院（参议院），180 名议员中的 1/3 将由总统任命，其余参议员将由直接选举产生；恢复副总统的职位等。可见，修宪公投是继 2012 年宪法、2014 年宪法后的重大政治事件，旨在延长总统任期，加强总统权力，维持政权稳定，同时赋予了女性更多地参与政治的机会，堪称埃及政治发展的里程碑。

---

① 61344503 名合法选民中，有 27193593 名选民参加投票，投票率为 44.33%。其中，支持修宪者 23416741 名，支持率高达 88.83%；反对者 2945680 名，占 11.17%；无效票 831172 张，占 3.06%。Gamal Essam El-Din, "Egypt's Constitutional Amendments Passed by 88.83% in Referendum - National Elections Authority", 23 Apr. 2019, http：//english.ahram.org.eg/NewsContent/1/0/330543/Egypt/0/UPDATED-Egypts-constitutional-amendments-passed-by.aspx.

(二)埃及经济发展的环境和特点

西亚北非政治动荡之后,埃及的经济状况出现了明显恶化,近两年逐步回升。整体来看,剧变以来,埃及的失业率居高不下,一直在12%左右徘徊。经济增长率先是经历了大幅下滑,然后从2014年开始显著回升。外汇储备在经历了连年下降后,近两年开始明显回升(见表1)。

表1 2010—2018年埃及主要经济指标

指标 财年	GDP (亿埃镑)	GDP增长率(%)	人均GDP(埃镑)	财政支出(亿埃镑)	财政收入(亿埃镑)	外汇储备(亿美元)	运河收入(亿美元)	旅游收入(亿美元)	失业率(%)
2009—2010	12066	5.1	15509	3660.0	2681.1	352.20	45.2	115.9	9.4
2010—2011	13718	1.9	17062	4018.7	2652.9	265.60	50.5	105.9	9.0
2011—2012	15423	2.2	18448	4709.9	3036.2	134.00	52.1	94.0	13.0
2012—2013	17533	2.1	20725	5881.9	3503.2	149.36	50.3	59.0	13.2
2013—2014	19976	2.2	23287	7898.5	4567.9	166.87	53.7	50.7	12.8
2014—2015	29943	4.2	23989	7334.0	4653.0	170.21	51.8	78.0	12.8
2015—2016	54893	4.1	46337	7598.5	5194.5	238.98	50.0	38.0	12.0
2016—2017	40013	4.2	47351	8867.7	5383.8	370.21	53.0	76.0	11.9
2017—2018	47854	5.3	49238	13359.8	9159.7	445.00	74.0	114.0	9.9

资料来源:中国驻埃及大使馆经济商务参赞处,https://tradingeconomics.com/egypt/indicators。

1. 延续经济改革政策,提升经济活力

从纳赛尔统治晚期开始,埃及经济改革的主要任

务是彻底摆脱计划经济模式和内向型经济发展战略所造成的弊端，形成以市场经济为导向的经济体制，为经济发展注入动力。整体来看，"一·二五革命"后的政府经济改革总方向没有发生根本性的变化。

埃及的经济改革始于20世纪70年代中期萨达特时代的开放政策。通过吸引、鼓励外资和阿拉伯资本，激励本国私人资本的发展，巩固和发展占主导地位的国营企业，从而启动了埃及经济发展模式由僵化的计划经济向市场经济的转型。穆巴拉克当政不久，强调以"生产性开放"取代"消费性开放"，坚持稳步的经济改革和结构调整方针，消除经济体制中的积弊，重点解决80年代中期高财政赤字、高通货膨胀、高额外债和低经济增长率（"三高一低"）所导致的严重经济危机，[①] 发挥私有部门的主导作用，推动经济体制向市场经济的转型。在2004年7月，穆巴拉克任命改革派经济学家纳齐夫出任总理，肩负起振兴埃及经济的重任。以纳齐夫总理为首的新内阁一直把推进财政金融改革作为调整经济发展动力的支柱之一，以增强经济持续发展后劲，并将吸引外资作为其经济政策的重点之一，采取措施，加大行政管理改革力度，改善投

---

① 这一时期，埃及的人均国民收入从1986年的670美元下降到1990年的610美元；失业率高达15%（约为200万人）。参见 Ray Bush, *Economic Crisis and the Politics of Reform in Egypt*, Boulder, Westview Press, 1999, pp. 23–25。

资环境，增强投资者信心，明确规定为申请注册的企业在投资总局下属的投资服务中心提供一站式服务，简化审批手续，提高效率。埃及政府还通过私有化改革，提高国有企业的效率，增加政府收入。

到穆巴拉克执政末期，经过近40年的改革，埃及的经济发展取得了一定成就。一是产业结构逐渐合理。埃及由落后的农业国变成了资源、工业与传统农业发展相结合的国家，其产业结构的变化表现在GDP所占份额上，农业的比重由1960年的30%下降到2008年的13.8%，工业的比重由同期的24.0%上升到38.1%，服务业由46.0%增至48.1%。二是经济发展水平有显著提高。埃及国民生产总值稳步增长，从1974年的90.15亿美元增加到2007年的1273亿美元，同一时期，人均收入水平从334美元增加到1709美元。[1] 由此可见，埃及已由低收入国家逐渐步入低中等收入国家行列。三是对外贸易和接受投资的水平不断进步。埃及一直重视对外贸易的发展，政府不仅提高产品的质量，增强产品竞争力，而且采取灵活多样的贸易方式，并逐步开放贸易。此外，进入20世纪90年代，埃及成长为非洲大陆吸引投资最多的国家之一。

然而，这些进步并未从根本上解决埃及的结构性

---

[1] Economist Intelligence Unit, Country Forecast, Egypt, July 2008, p. 3.

经济问题，主要表现在行政机构依旧庞大，大量财政用于补贴，经济发展不足以缓解人口增长的压力等。事实上，埃及的结构性经济难题也是穆巴拉克政权倒台的深层次原因之一。穆巴拉克下台之后，埃及政府不得不继续执行经济改革政策。塞西执政之后，依旧将解决埃及常年累积的经济难题作为经济发展的重中之重，其中，金融改革、财政改革和基础设施建设是重中之重。

金融改革领域主要是放开汇率，提升利率，增加货币投放，寻求外部贷款。为了遏制美元黑市和解决外汇短缺的问题，2016年11月，塞西政府宣布放弃对埃镑汇率的管控，使之完全市场化，埃镑与美元的比率从9∶1升至17.7∶1，至此，埃及汇率基本实现稳定。同时，2014年以来，埃及的存款利率每年都在上涨。以活期存款为例，2014年、2015年、2016年、2017年年末的利率分别为8.25%、8.75%、10.8%、19.75%。此外，埃及的货币投放量也显著增加，从2013年的2645亿埃镑增加到2017年的4197亿埃镑。[①] 此外，埃及还从国际货币基金组织、世界银行、非洲银行，以及中国、欧洲等地大规模贷款，以解决外汇紧缺的问题。

---

① 戴晓琦：《塞西执政以来的埃及经济改革及其成效》，《阿拉伯世界研究》2017年第6期。

2016年，埃及与国际货币基金组织签署了一项协议，核心是埃及通过进行深度的财政改革换取后者的贷款。同时，这一改革也是逐步废除纳赛尔统治时期建立的国家主义福利制度的举措。一是削减国家补贴，减轻国家财政压力。由于食品补贴问题极其敏感，因此政府主要在能源补贴问题上做文章。2014年7月，塞西政府宣布大幅度削减能源补贴，并计划在五年之内完全取消能源补贴。二是进行税收体制改革，增加政府收入。在现代国家，税收制度牵涉国家提取资源的能力，埃及长期以来的经济问题与其税收制度有一定关系。埃及的新所得税法规定，埃及实行五级累进税。同时，政府提高销售税比例，并且设立涵盖领域广泛的增值税。

鉴于埃及高企的失业率，以及民生与政权稳定的密切关系，塞西政府试图通过发展基础设施建设来缓解社会压力。最引人注目的是塞西政府2014年提出的"苏伊士运河开发项目"，该项目的四大战略目标是推动国家经济长期发展、在运河区发展工业、实现人口分布均衡、利用全球贸易新机遇。[①] 为了解决埃及粮食问题，塞西总统在2015年提出"百万费丹"土地改良

---

① 《苏伊士运河枢纽发展项目将于2015年初开始招标》，2014年8月11日，商务部网站，http://www.mofcom.gov.cn/article/i/jyjl/k/201408/20140800693417.shtml。

计划。此外，埃及还在各地推进大型国家项目，如新行政首都、新开罗、新阿拉曼等一批新城市建设项目，以及努韦巴、塞得港等地的工业区、开发区项目。

2. 提出长远发展规划，实现经济的可持续发展

2016年2月25日，塞西总统宣布"埃及2030愿景"战略，该战略是埃及未来15年发展的总规划。它强调将发展与环保、就业与提升劳动力素质相结合，以公平公正、平衡多样的方式全面推进埃及经济和社会同步发展，建成善于创新、注重民生、可持续发展的新埃及。[①]

愿景的总目标是通过埃及的战略位置和人力资本，实现有利于所有埃及人美好生活的可持续发展。到2030年，埃及将建成有竞争力的、平衡的、多元化的、知识基础的经济体系，并且以正义、社会团结、参与为特征；同时保护平衡和多样性的生态系统。其具体目标包括：第一，在国家、地区和部门层面，提出一个统一的长期政治、经济和社会愿景，以此作为中短期发展计划的基础；第二，将埃及的可持续发展目标与2015年联合国可持续发展目标，以及非洲可持续发展战略"2063年议程"相匹配；第三，确保埃及

---

① "Sustainable Development Strategy: Egypt Vision 2030", 17 May, 2016, http://sdsegypt2030.com/category/reports-en/? lang = en.

成为积极活跃的全球性大国；第四，确保公民社会组织和议会成员能够监督特定时间段的战略、目标、关键指数、项目的执行情况；第五，满足埃及人期待的提升基本服务效能的愿望。

为了实现此愿景，该规划指出应当着力在以下领域重点经营。第一，经济领域。包括四大支柱：①经济发展：到2030年，埃及成为一个平衡的、以知识基础的、有竞争力的、多元化的市场经济，以宏观经济环境的稳定为特征，能够实现可持续的包容性增长。成为能够应对国际发展问题的活跃的全球经济体，最大限度地增加附加值，创造体面和生产性的就业机会，以及人均GDP达到中高等收入国家水平。②能源：创建符合可持续发展要求的能源部门，最大限度地高效利用传统能源和可再生能源，促进经济增长和竞争力，实现社会正义和保护环境。③知识、创新和科学研究：在一个确保知识和创新的发展价值的综合体系下，形成一个创造性和创新性的社会，生产科学、技术和知识。④透明和高效的政府机构：一个高效率和高效力的公共管理部门，以透明、公平、灵活的方式管理国家资源。根据问责制，使公民的满意度最大化，并回应他们的需求。

第二，社会领域。包括四大支柱：①社会正义：到2030年，埃及成为一个公平且相互依存的社会，其特点是通过平等的经济、社会、政治权利和机会来实现社会包容。基于效率和法制支持公民参与的权利，鼓励基于技能的社会流动型社会，一个能对边缘群体和弱势人群提供保护和支持的社会。②卫生健康：通过综合的、便捷的、高质量的、普遍的卫生体系，能够进行早期干预和预防性覆盖，确保所有埃及人都能享受健康、安全和稳定的生活。③教育和培训：建立面向所有人的非歧视性的高质量教育和培训体系，使其在高效、公正、可持续和灵活的制度框架下运行。培养学生和技工的创造性思维技能，确保他们具有技术能力。④文化：尊重多样性和差异的文化体系。公民能够获取知识，具备适应现代发展的能力，承认埃及的传统和文化价值，赋予他们自由选择和文化创造的智慧。提升埃及在地区和全球的软实力。

第三，环境领域。包括两大支柱：①环境：所有经济部门应考虑环境因素，保护自然资源，支持资源的高效使用和投资，同时确保下一代人的权利。②城市发展：管理土地和资源的空间平衡发展，容纳人口并改善他们的生活质量。

为了"埃及2030愿景"战略更好地实现，该战略确定了详细的成就指标，这些指标精确到任何一个领域下的各个支柱，包括三类：输入性指标、输出性指标和成果性指标。同时，在任一支柱下有具体的项目工程。例如，经济发展支柱包括 30 项指标（6 项输入性指标、8 项输出性指标、16 项成果性指标）和 77 个项目。该愿景提出 2030 年埃及的 GDP 增长率达到 12%，人均 GDP 为 10000 美元，埃及 GDP 占世界总量的 1%，消灭赤贫人口等。主要项目包括苏伊士运河发展项目、新首都建设项目、400 万公顷耕地开发项目、西奈发展和投资公司、西北海岸发展项目等。此外，它还明确了具体的监督和评估机制，即根据善治的原则，建立一个超政府的实体机制，负责监督政策和项目的执行，以及结果性指标的履行状况，根据特定方法修订和升级愿景。此外，该机构也负责评估可持续发展战略的结果和影响。

3. 经济发展虽有所复苏，但仍然困难重重

受"一·二五革命"冲击的影响，埃及经济发展经历了断崖式跌落。近两年，埃及经济发展状况有所恢复，但仍然面临诸多难题。

第一，埃及的行政规模臃肿、市场效率低下的问题没有根本好转。早在 20 世纪 80 年代，埃及的官僚机构就为 700 万人提供工作机会，这一趋势基本延续至今。臃肿的官僚机构意味着低效的行政文化，而且

由于工作酬劳较低而造成腐败现象盛行。[①] 更为严重的是，如此规模庞大的行政机构每年要消耗政府大量的财政资源，政府难以将有效的资金用于事关国家长远发展的科技和工业，以及民众所需的教育、医疗等投入上。

在西亚北非政治动荡之后，埃及的银行业整体上保持稳定，并且通过新《投资法》促进国际投资。然而，埃及市场效率整体低下，影响着埃及经济的长远发展，这主要受制于以下障碍。[②] 埃及一些经济学家承认，埃及非正式经济约占埃及经济总量的30%—40%，并且是埃及最繁荣、最能创造就业和具有市场导向的经济部门。长期以来，军队涉足埃及的多项民用经济，这种趋势在塞西掌权之后进一步加强。然而，军队经济由于其特权地位而不受市场竞争和政治控制的影响，一定程度上影响了市场规则和竞争秩序。此外，埃及存在着诸多经济寡头，他们通过垄断市场，控制着埃及的水泥、钢铁、进口粮食和手机零配件等物品的价格。

第二，埃及的"食利型"经济结构及其经济的对外依赖性很强。长期以来，埃及经济的"四大支柱"——旅游、侨汇、运河和石油是政府最为重要的

---

① 杨灏城、江淳：《纳赛尔和萨达特时代的埃及》，商务印书馆1997年版，第430页。

② "BTI 2018 Country Report: Egypt", http://www.bti-project.org/en/reports/country-reports/detail/itc/EGY/.

收入来源。这意味着埃及经济结构具有明显的食利特征，并且具有很强的对外依赖性，这使埃及经济运行潜伏着一定的风险。① 埃及的多届政府都试图提升工业和制造业在国家经济发展中的地位，即通过工业革新解决经济发展中遇到的困难和问题，使工业成为经济增长的拉动力。政府也努力在工业人才培训、基础设施和工业现代化等方面作出努力。然而，埃及经济的食利结构短期内很难改变。

此外，埃及经济发展状况和经济发展水平有赖于资金、市场、人才和物质技术基础。埃及作为发展中国家，既缺乏资金，又人才不足，没有强大的物质基础作为支撑，从而制约着其基础设施改造、企业竞争力的提升以及市场的开拓，制约着国家现代化的进程。因此，埃及经济发展的总体水平与发达国家仍有着很大的差距，对发达国家的资金、技术、市场等都有较强的依赖性，这在一定意义上决定着经济上的竞争格局，决定着埃及贸易长期逆差的态势。一方面，贸易发展的主要对象国是发达国家，通过进口获得机电设备、化工等制成品，同时还包括小麦、面粉等食品。而出口则主要为初级矿产品。这种贸易上的互补性实际上对埃及经济发展产生了深远影响，不仅使埃及长

---

① 杨光：《埃及的人口、失业与工业化》，《西亚非洲》2015年第6期。

期处于全球经济链的末端,而且造成对外依赖性增强。

第三,人口激增和失业率高企严重困扰着埃及政府。长期以来,埃及都是阿拉伯世界中人口最多的国家,这既是埃及的财富,也是埃及的负担。2019年年初,埃及人口数量超过1亿,人口年增长率约为2.1%。据联合国开发计划署的评估,由于生育率水平较高,埃及到2050年人口将达到1.3亿。当前,埃及年轻人口较多,15—24岁的青年人占人口总比例约为20%,"青年爆炸"对国家的教育、住房、医疗等问题提出了挑战,而冲击最大的是就业问题。政治动荡加剧了埃及的就业问题,失业率从2010年的9.4%上升到2013年的13.2%,之后有所回落,2018年失业率约为9.9%,仍高于"一·二五革命"之前的水平。这其中突出的现象是,在失业大军中,大学和中学毕业生占80%左右,并且造成了"学历越高,失业率越高"的怪象。[1] 就业和失业问题难以解决,既是经济发展问题又是社会问题。目前看来,埃及GDP 4%的年增长率不足以满足劳动力年增长3%的需求。因此,就业问题仍将长期积压。

贫困和食品安全仍然是困扰埃及经济发展的重要

---

[1] AFET, "A Stable Egypt for a Stable Region: Socio-economic Challenges and Prospects", January 2018, http://www.europarl.europa.eu/RegData/etudes/STUD/2018/603858/EXPO_STU(2018)603858_EN.pdf.

问题。据统计，2014年，埃及有25.2%的人每天生活费不足2美元，即处在极端贫困的状态。2013年世界粮食计划署发布《埃及的贫困和食品安全状况报告》指出，普通埃及人要将40.6%的收入用于食品消费。埃及中央公共动员与统计局（CAPMAS）2019年的一份报告指出，埃及的贫困率达到了2000年以来的最高点，有32.5%的人口处于贫困状态。[①] 埃及的贫困人口主要集中在埃及的农村地区，脱贫工作仍将是埃及政府艰巨的重任。

（三）埃及法制环境及其特点

整体看来，埃及仿照大陆法系代表性国家——法国，建立起了现代法律制度。其对于外国投资总体上比较友好，但也有一些限制。

第一，埃及具有完善的法律体系，对于民事、商事和刑事具有详细的规定。埃及的法律体系主要基于伊斯兰法和拿破仑法典，而埃及民法主要是基于法国民法典制定的。后穆巴拉克时代，法院表现出越来越强的独立性，并且法院的正当程序和司法审查原则获得了更大的尊重。

---

① "BTI 2019 Country Report: Egypt", http://www.bti-project.org/en/reports/country-reports/detail/itc/EGY/.

在埃及做生意通常需要直接的商业存在，或者是通过合伙经营，或者是建立公司。由于合伙经营往往意味着需要暴露个人财产情况，大多数人选择建立公司。1981年159号《公司法》适用于内外投资者，是在埃及设立公司的法律依据，用来管理各种类型的公司（埃及的公司形式主要是有限责任公司、股份责任公司、单人有限责任公司），主要作用是明确公司注册形式、相关程序和经营规范。具体内容包括公司的管理事宜，股东权责，公司大会，审计人员，清算事务，兼并和收购事宜等。

埃及对外贸易管理方面的最主要法律是1975年颁布的《进出口法》和1963年颁布的《海关法》，这两部法律都在2005年进行了修订。《进出口法》详细规定了埃及进出口的相关内容，包括进口商品清关条件、出口商的登记注册、进出口商品检验检疫的规定等。《海关法》主要是对相关的关税税率和执行方案进行规定。此外，对外贸易的相关法律还包括1999年的《贸易法》，以及2005年颁布的《进出口法实施条例》和2002年制定的《出口促进法》。[①]

为了适应新时期更多更好地吸引外资的国内需要，

---

① 《2018对外投资合作国别（地区）指南：埃及》，2018年12月，商务部网站，http://eg.mofcom.gov.cn/article/f/201905/20190502863301.shtml。

以及回应国际货币基金组织为提供贷款提出的相关改革要求的外部需要，在经过两年时间的充分讨论后，2017年埃及颁布72号《投资法》。该法案是指导对埃及投资最重要的法律，其核心目标是通过吸引投资，实现埃及经济的可持续发展。在界定投资以及其他相关概念的基础上，提出了投资的八项整体原则：公平对待，机会均等；国家支持新兴公司，以及小微项目和中小项目；充分考虑社会影响，尤其是环境和公共卫生领域的保护；保护竞争、禁止垄断、保护消费者；遵循可控、透明、审慎管理和不损害公共利益的原则；保持投资政策的持续性和稳定性；促进投资者交易的方便和快捷；保护国家安全和公共利益。然后阐释了对投资的保障和激励，保障措施主要包括：外国投资者的一般待遇标准，入境和逗留，国有化保护，非法征收或没收，撤销或暂停执照前的警告，资金转移，指定外国劳动力的权利和执行国家合同等。激励措施包括一般性激励措施，主要是对相关税费的免除；专项激励措施，主要是对特定区域的投资激励；此外，还有对11条规定项目的附加激励。《投资法》还对投资者的社会责任作了详细规定。此外，该法还对投资机制作了详细论述，相关的争端解决机制包括申诉委员会、处理投资纠纷部际委员会、处理投资合同纠纷的部际委员会、处理纠纷的友好方式和仲裁中心。① 值得注意的是，相关的重要投资法律还包括2002年83号《经济特区法》、2005年《关于外国商品复出口时退还海关税和销售税的决定》、2007年《对抵离埃及者实行海关申报措施的决定》、2016年8月新颁布的《苏伊士运河特别经济区法律框架》，以及2017年颁布的《工业许可法》《破产法》等。

值得一提的是，埃及在国际法层面签订有广泛的多双边贸易协定，包括埃及—欧洲自由贸易联盟自贸协议、埃及与南方共同市场自贸区协议、非洲大陆自由贸易区框架协议、埃及—土耳其自由贸易区协定、埃及与美国贸易投资框架协议。显然，这些法律性的协议和协定有利于埃及的经济国际化。

第二，埃及法律整体上对外国投资者比较有利，但仍有不少的限制。不像许多其他的阿拉伯国家，埃及法律并未阻止外国人在埃及独自控制公司，并且外汇汇出也变得越来越便利。虽然埃及法律对外国投资者比较友好，然而仍在一些方面对他们进行了限制。

2017年埃及对1982年121号《埃及进口商登记法》进行了修订，放宽了对外国籍人员的权利限制，

---

① 《埃及2017年〈投资法实施细则〉中文参考译文》，2017年12月20日，商务部网站，http://eg.mofcom.gov.cn/article/f/201712/20171202688129.shtml。

但仍有不少限制性规定。之前,进口公司必须由埃及人100%持有,修订后更改为外籍人士最高可以持有进口公司股份的49%,并且公司经营者必须拥有埃及国籍。此外,伴随对外籍人士在进口公司持有股份方面松绑的同时,提高了在其他方面的门槛。有限责任进口公司的最低资本从1.5万埃镑猛增至200万埃镑,股份制进口公司资本更是要求至少500万埃镑。此外,进口公司经营必须满一年,并且营业额不能低于500万埃镑。埃及还增加了进口公司的保险金,并且加大了对违规公司的处罚力度。①

埃及新《投资法》加强了对外国投资的法律保护,为投资创设种种优厚条件,便利了公司注册程序和申诉渠道。这些对于鼓励外资流入具有重要的积极意义,但也不能忽视该法对外部投资的一些限制。其一,对某些投资领域的限制。外国人在埃及不得从事商品流通和批发业务,不得从事投标业务的商业代理等活动。在建筑行业,外商只能合资参与,且不得占有超过49%的股权。在汽车制造业,在埃及组装的汽车配件本土化比例不得低于46%。此外,在航空业、金融业、采矿业、铁路建设、天然气销售等行业,外资也

---

① 《2018对外投资合作国别(地区)指南:埃及》,2018年12月,商务部网站,http://eg.mofcom.gov.cn/article/f/201905/20190502863301.shtml。

面临诸多障碍。其二，对某些投资地域的限制。例如，在西奈半岛投资，或收购任何在西奈半岛持有土地的公司，需要获得特殊许可。①

埃及法律中对于劳工内容的规定对外国投资者并不友好。1981年137号《劳动法》和2003年12号《统一劳动法》对雇佣问题进行了详细规定。整体来看，此法律对于投资者比较严格。相关法律规定，雇佣关系受雇佣协议保护，试用期不能超过三个月。雇佣协议的种类包括无限期的雇佣协议和有限期的雇佣协议（短期雇佣、临时雇佣、季节性雇佣）。雇员的工资种类包括基本工资、总工资和实发工资，工资内容包括百分比、涨薪、奖金、津贴、员工利润分成、捐款等。此外，劳动法还规定有公共假期和年度假期；工作时间、加班时间和特别条款；社会保险和雇佣协议的终止等内容。整体上，这些都是极其有利于雇员的。最后，埃及《投资法》对用工本土化保护得也比较严格，该法明确规定，外籍员工比例通常不超过员工总数的10%，在当地员工无法胜任特定工作时，外籍员工比例可增至20%。②

---

① 《2018对外投资合作国别（地区）指南：埃及》，2018年12月，商务部网站，http://eg.mofcom.gov.cn/article/f/201905/20190502863301.shtml。

② Al Tamimi & Company, "Doing business in Egypt", https://www.tamimi.com/wp-content/uploads/2018/04/Doing-Business-in-Egypt.pdf, 2018.

第三，埃及法律体系虽然相对完善，但是司法体系却存在一些问题，主要表现在司法腐败问题突出和司法效率低下。显然，这对于在埃及进行经商活动的外国人具有消极影响。

一是在与埃及的司法部门打交道时，公司可能面临腐败风险。在埃及，腐败问题是公司营商的重大障碍，常见的腐败形式包括贿赂、贪污、篡改官方文件和敲诈勒索。许多研究表明，裙带主义和庇护关系的文化已经污染了埃及的经济和投资环境。在埃及，贿赂几乎是日常生活的一部分。由于脆弱的法律框架以及腐败文化的广泛存在，一些外国公司不得不使用中间人在埃及经营，而另一些公司通过贿赂享有某些特权待遇。埃及的刑法将几种形式的腐败定为刑事犯罪，例如主动和被动贿赂，以及滥用职权等，但现有法律执行有限，涉案政府官员往往得不到应有的追究。

虽然较低比例的公司认为法院是在埃及开展业务的主要制约因素，但是仍有2/3的埃及人认为司法机构是腐败的。此外，法院的独立性受到一些政治冲突的影响。[①]

二是公司在诉诸司法渠道解决相关问题时，往往面临司法部门效率低下的问题。《全球竞争力报告

---

① GNA, "Egypt Corruption Report", https：//www.ganintegrity.com/portal/country-profiles/egypt-corruption-report/, 2018.

2015—2016》研究表明，在埃及的公司使用法律手段解决争端和保护知识产权时，司法体系的效率只能算是中等。在埃及，公司的争端解决程序往往既耗时又昂贵。解决破产问题所需的成本高于地区平均水平，但合同的执行时间几乎是地区平均耗时的两倍。[①] 埃及存在着解决争端的法律框架，例如，埃及已经批准了《国际投资争端解决中心公约》，开罗国际商业仲裁地区中心为寻求商业纠纷国际仲裁解决方案的公司提供仲裁法律、信息与服务。尽管如此，埃及法院并不总是承认外国仲裁判决。如果公司在相关合同中没有加入有关国际仲裁约束力的条款，将可能面临不被埃及法院承认的风险。

---

① "The Global Competitiveness Report 2015—2016", http://reports.weforum.org/global-competitiveness-report-2015-2016/, 2016.

二 中埃关系的发展和全面战略关系的形成

中国与埃及之间的友好关系源远流长,长期保持密切交往,基础稳固,成果丰硕,被誉为"南南合作的典范"。在两国交往的历程中,埃及是第一个承认新中国的阿拉伯、非洲国家,也是中国迈向阿拉伯世界和非洲大陆的大门。中埃两国已确定为全面战略合作伙伴关系,并在此基础上建立了两国战略对话机制,不仅显示了中埃关系的重要性,而且将两国关系推向崭新的阶段。良好的中埃关系又是中阿关系、中非关系稳步发展的基础。因此,把握两国关系的特点和趋势,对于深化两国之间各层次交往、推动中阿关系和中非关系的发展都具有重要的现实意义。

（一）埃及对外关系的基本特点

"一·二五革命"以来，虽然不同的政府对于外交手段的运用和具体的外交政策有所差别，但是，埃及的外交整体上延续了穆巴拉克时期的外交战略。

1. 立足于"三个圈子"的外交思想传统

埃及外交战略的选择立足于其独特的地缘政治优势和多重国家属性。埃及地处亚、欧、非三大洲的交汇处，自古就是连接东方与西方的贸易和交通要道。埃及与欧洲隔海相望，与西亚陆路相通；又扼守苏伊士运河，穿越红海与印度洋相连。埃及是连接阿拉伯东部和西部的桥梁，又是通往非洲内陆的北大门。当然，重要的地缘战略位置既可以是对外政策得以凭借的巨大资本，又可能成为"沉重的负累"。近代埃及的贫弱和落后，其地缘优势反而是世界列强觊觎和争夺的目标。法国、英国殖民者先后举兵入侵埃及，英国曾占领埃及、攫取苏伊士运河达数十年之久。埃及共和国建立后，一个主权独立、政权稳定且日益发展的埃及，其独特的地缘战略位置开始转化为对外关系中的巨大优势，并体现在埃及对外政策的制定和实施中。

埃及兼具多重身份属性：埃及属性、阿拉伯属性、非洲属性和伊斯兰属性。换言之，埃及既是阿拉伯国家、非洲国家和伊斯兰世界的重要一员，又有着自身独特而悠久的历史积淀。早在20世纪50年代，埃及总统纳赛尔在其著作《革命哲学》中就指出埃及的身份特性，即属于"三个圈子"："阿拉伯圈子""非洲圈子"和"伊斯兰圈子"，进而明确定位埃及外交活动的主要舞台亦即在"三个圈子"。[①]"三个圈子"的理念不仅准确地概括了埃及在该地区的实力地位、地缘政治环境、民族与宗教、历史文化和社会发展，而且也表达了"埃及容易获取支持和协调行动的同盟军与重要外交资源"。[②]于是，埃及的多重身份属性与"三个圈子"的外交战略定位之间形成了紧密的关联。半个世纪以来，"三个圈子"的战略布局一直是埃及对外政策的核心。埃及正是立足于"三个圈子"开展外交活动，在阿拉伯世界、非洲大陆和伊斯兰世界（亦即阿拉伯国家联盟、非洲联盟和伊斯兰会议组织）发挥着重要作用，成为该地区举足轻重的大国。但是，另一方面，作为地区大国的埃及也承担着维护"三个

[①] ［埃及］加麦尔·阿卜杜勒·纳赛尔：《革命哲学》，张一民译，世界知识出版社1956年版，第43页。

[②] 王京烈：《埃及外交政策分析》，《西亚非洲》2006年第4期。王京烈研究员还将"三个圈子"的内在关系及其变化归纳为"并列圆""同心圆"和"交叉圆"，以此揭示埃及外交政策的发展轨迹。

圈子"利益和安全的义务与职责，这关涉埃及国家利益与"三个圈子"之间的关系。如何协调这种关系就成为埃及执政者外交政策调整与选择的关键。纳赛尔时代，在阿拉伯统一、"非洲是非洲人的非洲"的旗帜下，不惜牺牲埃及利益来捍卫阿拉伯人整体利益，积极支持非洲各国的独立运动。萨达特时期，由于将埃及利益置于"三个圈子"特别是阿拉伯利益之上，从而造成埃及在地区事务中陷入前所未有的困境，被孤立于阿拉伯世界之外。穆巴拉克执政以来，既重视埃及的国家利益，又维护阿拉伯人的整体利益，注重与非洲利益的融合，初步形成埃及利益与"三个圈子"的有机结合，"三个圈子"遂成为彰显埃及地位、施展外交战略的广阔舞台。可见，"三个圈子"乃是埃及外交决策和外交行动的基石，埃及外交战略的得失与"三个圈子"之间存在着休戚与共的关系。

当前，埃及的外交政策仍然清楚地显示出"三个圈子"思想的烙印。但由于埃及当前的相对实力下降，埃及外交的优先是确保埃及的国家利益，其重心在加强与阿拉伯世界，尤其是沙特等海湾阿拉伯国家的关系，以此获得经济援助和保障国家安全。

2. 奉行灵活务实的外交政策

"一·二五革命"之后，埃及的外交战略仍然是实用主义的，即使是具有浓厚意识形态色彩的穆兄会掌权时也不例外。然而，由于不同政府的特殊性，埃及的外交政策也显示出一定的变化性。

第一，埃及政府的外交关注核心是恢复经济发展和维护国家安全。政治动荡导致埃及经济状况和安全形势显著恶化，解决这两大问题也成为埃及政府的优先任务，这种考虑也反映在对外交往中。

随着外汇储备不断下降，埃及政府不得不从域外大国和国际组织，以及海湾国家，尤其是沙特那里寻求经济援助。由于各个政府的意识形态差异和发展定位不同，导致其金主的选择和资金的获取有所差异。在国家最高武装力量委员会统治下的过渡时期，埃及从沙特、卡塔尔和科威特获取了23亿美元的贷款。事实上，沙特通过为埃及提供经济援助，换取埃及对沙特安全支持的交易长期存在。略微反常的现象是，卡塔尔在埃及经济领域变得极为活跃。穆尔西上台之后，同样积极寻求外部经济援助，他试图从国际货币基金组织那里获得48亿美元的贷款，但最终未实现。意识形态接近的卡塔尔承诺向其提供80亿美元的贷款，最终也未实现。[①] 2013年7月，军方接管政权之后，沙特、阿联酋和科威特迅速为埃及提供巨额经济支持。

---

① Michele Dunne, "Foreign Policy Shaped by Donors", April 03, 2014, http://carnegieendowment.org/sada/?fa=55230.

长期以来，埃及都极为重视传统安全问题，这也延续到"一·二五革命"之后。埃及政府极为关注边界安全和周边安全，并强调军队在维护国家安全中的重要地位。穆巴拉克政府强调，埃及是遏制"政治伊斯兰主义"扩张，捍卫地区安全的重要力量，这一思想同样是塞西政府外交政策的重要基础。对于后穆巴拉克时期的各届政府来讲，解决西奈半岛安全形势恶化的问题是外交中的重要考量，其核心是打击恐怖主义和极端主义，确保西奈安全秩序，维持埃以和约。最高武装力量委员会领导的过渡政府、穆尔西政府、塞西政府都强调尊重1979年签署的《埃及—以色列和平条约》，然而不同政府打击极端主义的程度并不相同，总体看来，塞西政府最为强硬，穆尔西政府相对宽松，过渡政府居中。利比亚局势是埃及政府的另一个重要安全关注点，埃及不仅通过与阿尔及利亚、突尼斯等国合作，在与利比亚接壤的边境联合巡逻，支持阿联酋对利比亚的"伊斯兰国分支"进行空袭，而且直接支持世俗的哈夫塔尔"政府"，并于2017年2月在开罗举办利比亚和平对话会议。[1]

---

[1] Riham Bahi, "Egypt as a Leading Nation: Regional Imperatives and Domestic Constraints", in J. Braveboy—Wagner (ed.), *Diplomatic Strategies of Nations in the Global South*, New York: Palgrave Macmillan, 2016, pp. 155 – 179.

第二，埃及的外交决策机制整体上得以延续，但不同机构的作用在不同时期有所差别。埃及实行总统共和制，外交的决策权直接掌握在总统本人手中，这种决策机制的结果是总统主导外交政策，外交部、军队、情报部门等不同机构的关键领导人承担咨询和建议的职能，他们所起的作用取决于他们与总统的私人关系。由此形成了总统的外交思想—外交决策—对外战略选择与实施之间的贯通性。后穆巴拉克时代埃及的外交继承和发展了纳赛尔、萨达特、穆巴拉克时期埃及外交的决策机制，并基于时代的变化又有着新的创新。因此，其对外决策机制既有继承性，又有差异性。

国家武装部队最高委员会统治时期，坦塔维作为军方的领袖，他坚持不采取任何冒险的外交举动，继续维持既有的与美国、以色列的关系，军方在其外交决策中占据重要地位。2012年8月，穆尔西上台之后，有意识地疏远军方，并对军队和情报机构高层进行清洗，试图掌控安全部门，其外交决策主要依托同情穆兄会的外交家塔赫塔维（Rifa'a al-Tahtawi）以及穆兄会的一些高层，如总统的外交关系和国际合作高级顾问哈达德（Essam el-Haddad），总统的经济事务顾问马利克（Hassan Malek）等，同时，这两位顾问又与穆兄会的副总训导师沙特尔（Khairat al-Shater）关系密切。① 值得注意的是，穆兄会的外交虽然在口头上具有一定的意识形态色彩，但实践中并未偏离之前埃及外交决策机制的大方向。塞西上台之后，重塑了总统在外交中的核心地位，军方和情报机构在外交决策中的重要作用得以恢复。

第三，埃及的外交政策整体上仍将持续。从穆巴拉克时期开始，埃及的外交政策主要基于四大支柱：与美国保持盟友关系；调停以色列和巴勒斯坦的和平；推动阿拉伯民族主义，并弱化土耳其和伊朗的地区影响；维持与沙特的特殊关系，以此解决埃及的经济困难。② 在后穆巴拉克时期，这四根支柱基本得以维系，虽然程度有所改变。在可预见的时间内，这四根支柱仍将继续。

在地区层面，沙特、阿联酋和科威特仍将是埃及外交的最重要伙伴。这主要是因为海湾国家能够提供埃及所需的经济援助，以及双方相近的政策主张。在穆兄会统治埃及的短暂时期，虽然埃及与卡塔尔和土耳其的关系明显上升，但随着穆尔西被罢黜，埃及与

---

① Jannis Grimm and Stephan Roll, "Egyptian Foreign Policy under Mohamed Morsi: Domestic Considerations and Economic Constraints", November 2012, https://www.swp-berlin.org/fileadmin/contents/products/comments/2012C35_gmm_rll.pdf.

② Mustafa El-Labbad, "Egypt: A 'Regional Reference' in the Middle East", in Henner Fürtig (ed.), *Regional Powers in the Middle East: New Constellations after the Arab Revolts*, New York: Palgrave Macmillan, 2014, p. 82.

两国的关系极大恶化,而与沙特等海湾君主国的关系显著回升。

在全球层面,美国仍将是埃及最重要的盟友,即使埃及会加强与俄罗斯和中国的关系。① 埃及政府需要加强与美国的关系,这是在国际舞台上获得影响力和取得经济支持的重要途径。然而,随着美国在中东的战略收缩,以及美国在"一·二五革命"中对传统盟友穆巴拉克的放弃,促使埃及政府寻求更加多元平衡的大国外交政策,即加强与俄罗斯、欧盟与中国的关系。

在巴以问题上,塞西政府仍然积极塑造埃及在巴以冲突中的协调者角色。以色列政府对于塞西的态度较为积极,并乐见塞西政府积极打击伊斯兰极端主义。埃及与以色列的关系明显走近,不仅表现在外交、安全和战略层面,而且表现在经济层面。同时,塞西在他担任总统后的首次演讲中就强调,埃及支持以东耶路撒冷为首都的巴勒斯坦独立。

3. 综合国力变化制约其对外目标

综合国力是外交政策执行的重要基础,通过将埃

---

① M. Hernando de Larramendi, and I. Fernández-Molina, "The Evolving Foreign Policies of North African States (2011 – 2014): New Trends in Constraints, Political Processes and Behavior", in Yahir Zoubir, Gregory White (eds.), *North African Politics: Change and Continuity*, London: Routledge, 2016, p. 263.

及的综合国力置于中东整个大背景下进行考察，我们可以客观理解埃及的绝对实力和相对实力。综合国力是指一国实现国家战略目标的整体能力，它对于国家内部治理和施展国际影响力具有基础性的作用。人们对一国综合实力包含的基本要素存在分歧，但基本都赞成领土和人口规模、经济能力（指标为国内生产总值和人均国内生产总值）、军事能力（指标为军队规模）和人力资本（指标为识字率）几个要素对衡量一国综合实力至关重要。这里也选取这几个因素，粗略地衡量中东十八个国家的综合实力（见表2）。

表2　中东各国综合国力衡量的主要指标（2018年7月）

国家	领土面积（万平方千米）	人口数量（万）	国内生产总值（汇率，亿美元）	人均收入（美元）	军队规模（人）	识字率（%）
阿富汗	65.3	3494	193	520	174300	38.2
沙特阿拉伯	215.0	3309	7825	23200	75000	94.7
阿联酋	8.4	970	4142	43000	63000	93.8
阿曼	31.0	329	793	16400	42600	96.1
巴林	0.1	144	377	24100	8200	95.7
卡塔尔	1.2	236	1920	69000	16500	97.3
伊朗	164.5	8302	4540	5627	523000	85.5
土耳其	78.5	8126	7665	9311	510600	96.2
伊拉克	43.5	4019	2259	5878	64000	79.7
叙利亚	18.5	1945	404	2032	139000	86.4
黎巴嫩	1.0	610	566	8269	60000	93.9
以色列	1.5（1947）	842	3697	41600	169500	97.8

续表

国家	领土面积（万平方千米）	人口数量（万）	国内生产总值（汇率，亿美元）	人均收入（美元）	军队规模（人）	识字率（%）
巴勒斯坦	1.2（1947）	1270	138	3021	21000	96.5
约旦	8.9	1046	423	4247	100500	95.4
也门	52.8	2867	269	944	40000	70.1
埃及	100.1	9940	2509	2549	438500	80.8
科威特	1.8	292	1417	34200	17500	96.0
塞浦路斯	0.9	124	245	28200	15000	99.1

资料来源：领土面积、人口数量和识字率数据来自中情局世界概况（2018）；国内生产总值和人均收入数据来自世界银行（2018）；军队规模数据来自国际战略研究所（IISS）的《军力平衡（2019）》。

通过对中东地区各国综合国力的考察，我们发现，中东地区没有一个国家兼具规模、经济、军事等硬实力和地区号召力上的软实力，因而并不存在地区性的独大国家。[①] 20世纪中叶，埃及是阿拉伯世界的领头羊，它幅员辽阔、人口众多、军事强大，并具有一定的软实力，但是经济落后和人均资源率过低阻碍了它成为地区强国。作为另一个阿拉伯大国，沙特虽然油气资源丰富，经济实力强大，但是人口相对较少和军事能力较弱限制了其综合国力。处于中东边缘地带的非阿拉伯国家，伊朗和土耳其的资源相对均衡。但

---

① Ian Lustik, "The Absence of Middle Eastern Great Powers: Political 'Backwardness' in Historical Perspective", *International Organization*, Vol. 51, No. 4, Autumn 1997, p. 653.

是，两国的民族身份很难被大多数阿拉伯国家接受，从而缺乏吸引阿拉伯世界的软实力。[①] 此外，伊朗受到海湾国家的制衡，土耳其目光更加聚焦于欧洲，也制约了两国的地区影响力。以色列拥有先进的军事和技术能力，经济也很发达，但是由于缺乏领土和人口规模，再加上巴以冲突导致的孤立状态，严重限制了其地区权力。

在中东地区，埃及的重要性归功于其地理位置、人口规模、军事力量和软实力。埃及地跨亚非两洲，是全球重要的陆上交通要冲。此外，埃及还扼守大西洋与印度洋之间的航运要道，每年8%的世界船舶从苏伊士运河通过。埃及是中东地区人口最多的国家，庞大的人口规模意味着广阔的市场和充足的人力资源潜力。军队约44万人，配备先进的美式装备，是中东地区排名前列的军事大国。纳赛尔时期，埃及在阿拉伯世界占据政治和军事上的领导地位，是当之无愧的"阿拉伯巨人"。如今虽然辉煌不再，但作为阿盟总部所在地，以及爱兹哈尔大学在伊斯兰世界的显赫地位，埃及的软实力依旧不容小觑。此外，埃及在阿以和平进程等中东问题，以及非洲事务上也具有重要的发言权。

---

① Raymond Hinnebusch, "Failed Regional Hegemons: the Case of the Middle East's Regional Powers", *Seton Hall Journal of Diplomacy and International Relations*, Vol. 14, No. 2, Summer/Fall 2013, pp. 78 – 83.

西亚北非政治动荡不仅加剧了地区大国之间的权力斗争，而且导致地区力量格局重新洗牌。① 这场权力重组带来了两个结果：一是地区大国伊朗、土耳其和沙特基本免于冲击，围绕地区秩序塑造展开激烈争夺；二是此前的地区大国埃及，以及叙利亚、也门、巴林等国由于受到冲击，而沦为伊土沙诸强竞逐的角力场。整体看来，埃及在地区格局中的相对实力有所下降。

（二）中埃关系的历史与现实基础

中埃两国友好交往具有深厚的历史基础。史料记载和考古发掘表明，中国与埃及的直接交往最早可追溯至公元前2—前1世纪，即汉代中国与希腊化埃及（即托勒密王朝）存在着的商品和人员往来。② 公元2世纪下半叶，埃及就是海上丝绸之路通往欧洲的中转站，转口贸易兴盛。考古学家们曾在开罗古城弗斯塔特发掘出大批中国瓷器（埃及人通常称其为"绥尼"），包括唐代的唐三彩、青瓷、白瓷，到明清时期的青花瓷、彩瓷等，种类繁多、制作精美，它印证了中埃人民长期之间的经贸联系。丝绸之路、香料之

---

① Raymond Hinnebusch, "The Arab Uprisings and The MENA Regional States System", *Uluslararasi Ilişkiler*, Cilt 11, Say 142, Yaz 2014, p. 13.
② 田明：《汉代中国与托勒密埃及的点滴交往》，《内蒙古民族大学学报（社会科学版）》2004年第6期。

路见证了中埃两国源远流长的历史交往。古老的贸易商道既是连接中埃两国的通道，又是文化、思想和科学知识的传播之路。中国造纸术、印刷术等重大发明先传入埃及，再经由埃及传入欧洲。因此，埃及是连接中国与西方世界的纽带。

在历史发展的长河里，中埃两国具有许多相似的经历。中埃两国都属于农耕文明的典型，孕育了古老而灿烂的人类古代文明。在近代历史进程中，两国同样遭受了西方殖民主义的侵略、欺凌和压迫，经历了反抗殖民主义、争取独立自主的艰苦卓绝斗争。特别是在20世纪上半叶争取民族独立和解放的斗争中，两国人民相互同情，相互支持，友谊不断加深。因此，相似的历史文明积淀、悠久的历史交往以及近代共同的遭遇和经历是两国关系发展的历史基础。

共同的命运将中埃两国联结在一起。中埃两国同属于发展中国家群体，共同维护发展中国家的利益，在国际交往中相互尊重，相互支持。早在1928年，埃及就与当时的中国建立了外交关系，并在国际联盟中支持中国。[①] 万隆会议确立的原则成为两国平等交往的政治基础。在此后的国际事务中，中国政府和人民一贯支持埃及政府和人民的正义斗争，支持埃及政府的

---

① 张宏：《埃及的国际地位与中埃关系》，《外交学院学报》2000年增刊。

中立和平的政策，在中东和非洲问题上坚决支持埃及政府的立场，并为埃及提供力所能及的帮助。埃及政府始终坚定支持一个中国的原则，在中国恢复联合国席位、人权问题、台湾问题、西藏问题、南海问题上一直给予中国坚定的支持。两国在国际领域密切配合，密切磋商，在人权、联合国改革等重大问题上保持协调，共同主张不同的文明和宗教信仰之间相互尊重，平等对话，强调必须尊重各国自主选择自己的发展道路，反对任何干涉阿拉伯国家和非洲国家内政的企图。因此，这些交往历史为两国关系的发展奠定了坚实的现实基础。

1955年万隆会议后，中埃交往日渐密切。1956年5月30日埃及与中华人民共和国正式建交。此后，双边关系发展顺利，高层领导人频繁互访。中国领导人周恩来总理（1963年、1965年）、赵紫阳总理（1982年）、李先念主席（1986年）、杨尚昆主席（1989年）、李鹏总理（1991年）、乔石委员长（1995年）、江泽民主席（1996年、2000年）、李瑞环政协主席（1999年）、朱镕基总理（2002年）、胡锦涛主席（2004年）、温家宝总理（2006年、2009年）、吴邦国委员长（2007年）先后访问埃及。埃及穆巴拉克总统先后9次访问中国（1976年、1980年、1983年、1990年、1992年、1994年、1999年、2002年和2006

年，前两次为副总统）。埃及人民议会议长苏鲁尔5次访问中国（1991年、1994年、1995年、1996年和2007年）。埃及协商会议主席希勒米（1992年）、总理詹祖里（1997年）也曾访问中国。2012年，穆尔西总统访问中国。1999年4月，两国建立面向21世纪的战略合作关系，双边关系的发展进入了一个崭新的阶段。2006年5月，两国外交部建立了战略对话机制。2006年6月，双方签署两国深化战略合作关系的实施纲要。2007年5月，双方签署了中国全国人大和埃及人民议会建立定期交流机制的谅解备忘录。自2007年1月27日起，中埃两国互免持中国外交和公务护照、埃及外交和特别护照人员签证。2012年，穆尔西总统访华期间，双方签署了《中华人民共和国和阿拉伯埃及共和国联合新闻公报》，以及两国在农业、信息通信、环境、旅游、金融等领域合作的七项政府文件。

政治上的友好关系为经贸关系的发展创造了条件。1957年10月，中埃政府签订了支付协定，规定两国间贸易通过记账方式进行清算。在此后的近三十年里，两国一直进行记账贸易，每年轮流派代表团互访，签订年度贸易议定书，附进出口货单，通过双方国营公司执行。1985年8月，双方政府签订了新的贸易协定，规定从当年1月1日起由记账贸易改为现汇贸易。1992年，两国政府建立了经贸混合委员交流机制。

1994年两国签订了投资保护协定。1995年签署了新的经济和贸易协定。1997年以来，两国政府先后签署了《关于中国帮助埃及建设苏伊士湾经济特区的备忘录》《关于在石油领域开展合作的框架协议》《中国政府鼓励公民出国旅游目的地国协议》等文件。2001年，双边民间交流机制正式启动，进一步推动了两国间合作规模不断扩大，合作领域不断拓宽。2006年11月，埃及宣布承认中国完全市场经济地位。随着两国改革开放步伐的加快，相互间经贸往来更加频繁，贸易增长势头强劲。在两国政府的共同推动下，中埃贸易自20世纪90年代中期以来呈现快速增长态势。双方的贸易额成倍增长、直线上升（1950年—2013年见表3；2013年—2018年见表4）。

表3　1950—2013年中国与埃及双边贸易状况统计　　（单位：万美元）

年份	中埃贸易额	中国对埃出口	中国从埃进口	中埃贸易差额
1950	313	100	213	-113
1959	5783	2128	3655	-1527
1969	2646	1547	1099	448
1979	11362	5660	5702	-42
1985	3022	2986	36	2950
1989	5816	5087	721	4366
1991	13075	12687	388	12299
1995	45300	44000	1300	42700
1998	60653	57484	3169	54315
1999	75022	71586	3436	68150
2000	90741	80534	10207	70327

续表

年份	中埃贸易额	中国对埃出口	中国从埃进口	中埃贸易差额
2001	95321	87289	8032	79257
2002	94476	85290	9185	76105
2003	109011	93729	15282	78447
2004	157694	138900	18794	120106
2005	214500	193400	21100	172300
2006	319300	297600	21700	275900
2007	460100	436200	24000	412200
2008	630320	587426	42894	544532
2009	584502	510776	73725	437051
2010	695890	604097	91793	512304
2011	880158	728324	151834	576490
2012	954473	822399	132074	690325
2013	1021428	836268	185161	651107

资料来源："中埃贸易统计数据"，http：//eg.mofcom.gov.cn；"中国与西亚北非国家贸易统计"，http：//xyf.mofcom.gov.cn。

1991年以前，中埃贸易有限，除个别年份外，双方贸易额长期徘徊在1亿美元以下，贸易差额不大，互有顺差或逆差。90年代中期以后，中埃双边贸易稳步增长。2003年双边贸易首次突破10亿美元大关。此后，中埃双边贸易额呈现连续翻番的势头。截止到2013年，中埃贸易额首次突破百亿美元。在中埃贸易中，中国向埃出口的产品主要有：服装、纺织纱线、织物及制品、鞋类、箱包；通用工业机械设备及零件、动力机械及设备；电信及声讯产品等。中国从埃及进口的产品主要为大理石、钢铁、铝锭、石油及相关产品、非金属矿物制品；长绒棉、亚麻、纺纱、织物等。中国还通过办展、推介、促销等方式扩大与埃及的合作领域，提升两国经贸合作的水平和层次。双方在汽车、电信、医药等领域的互利合作成效显著。此外，中国企业积极参与在埃及的投资和工程承包业务。

中埃在科技、文化、教育领域开展多方面的合作，取得了显著的成就，对中埃关系的巩固与发展起了积极的推动作用。中埃两国于1956年签署文化合作协定，此后双方共签署10个文化合作执行计划。2002年中国在开罗设立中国文化中心。两国自1955年起互派留学生，此后逐年增加。1995年12月，中埃签署了两国教育合作谅解备忘录。1997年签署两国教育部相互承认学历、学位证书协议。2007年和2008年，北京大学与开罗大学，以及华北电力大学与苏伊士运河大学合建了两所孔子学院。此外，中国与埃及在农业技术、化学、电信通信等领域的技术合作也开展得如火如荼。

纵观中埃全面战略伙伴关系建立之前的两国关系发展的历史和现实基础，双方的交往形成如下特征：

第一，基础稳固、交往密切。两国关系具有深厚的历史基础和现实基础。两国之间的交往上不存在历史遗留问题，两国关系在相互尊重和互相信任的基础上，长期保持健康、稳定发展，高层交往密切频繁。

埃及总统穆巴拉克2006年10月30日访华前在接受记者采访时说:"这是我第九次访问中国。访华对我而言,感觉就像回家一样。埃及没有把中国当作一般的友好国家,而是当作兄弟来看待。"[①] 正因为如此,中埃关系一直被人们誉为"南南合作的典范"。

第二,呈现全面深化和平衡发展的态势。双方的交往随着各自的经济发展水平的提高,其内容也在不断拓展,由政治层面向更为广阔的经济、科技、文化交往领域扩大,并取得了突破性进展,逐步形成了政治、经济、文化、科技全面发展、相互促进的格局。

第三,良好的中埃关系为中阿关系、中非关系的发展奠定了坚实基础。埃及是中东地区举足轻重的大国,兼具阿拉伯国家、非洲国家、伊斯兰国家等多重属性。中埃关系良好发展的意义已经超出了两国之间的范围,而是在阿拉伯世界和非洲地区产生积极的连锁效应。从这个意义上说,埃及是中国迈向阿拉伯世界和非洲大陆的大门。因此,稳定、良好的中埃关系为中阿关系和中非关系的发展铺平了道路。近年来的中阿论坛、中非论坛和中非峰会就是这种友好关系连锁效应的印证。

[①] 《埃及总统穆巴拉克:埃中如兄弟 非中系伙伴》,2006年10月31日,驻阿拉伯埃及共和国大使馆网站,http://eg.chineseembassy.org。

（三）中埃全面战略合作伙伴关系的确立及其特点

中埃两国的全面战略合作伙伴关系的确立经历了一个不断发展的过程，早在1999年穆巴拉克访华期间，双方就发表了《中华人民共和国和阿拉伯埃及共和国关于建立战略合作关系的联合公报》，确定了两国决定在21世纪将既有的友好关系推向一个新高度的总方向。十五年之后的2014年，塞西总统访华期间，双方发表了《中华人民共和国和阿拉伯埃及共和国关于建立全面战略伙伴关系的联合声明》，此举是为了进一步挖掘中埃合作的潜力。为了更好地实现中埃全面战略伙伴关系，两国在2016年达成了《中华人民共和国和阿拉伯埃及共和国关于加强两国全面战略伙伴关系的五年实施纲要》，将诸多合作理念和设想转变为具有可操作性的战略合作举措。

1. 1999年中埃联合公报的背景及其主要内容

1999年中埃两国建立战略合作关系，既有冷战后一超多强的国际格局的大背景，也有中埃两国各自国家发展战略的汇合。

"美国时刻"的国际格局促使大国努力寻求多元化

的外交政策，以增强外交自主性，这是中埃建立战略关系的国际背景。随着苏联解体，国际体系从两极转变为单极，这意味着作为超级大国的美国缺乏战略制衡，即所谓的"美国时刻"。由于美国不再过分受困于联盟的负担，增强了其随心所欲行动的能力和意愿，并且对其他全球和地区大国造成新的战略威胁。因此，大国努力寻求更多元的外交战略，以期缓解美国所构成的战略压力。[1] 在公报中，双方强调，国际社会正处在多极化和全球化的转型过程中，和平与发展是人类社会的奋斗目标。双方希望通过加强合作，为建立公正、合理的国际政治、经济新秩序而奋斗，努力缩小发展中国家与发达国家在各个领域中的巨大差距。此外，两国还指出，要重视联合国在维护国际和平与安全、促进发展方面发挥的作用，这种对联合国这一多边主义机制的强调是对美国单边主义行径的软约束和软制衡。[2]

中埃两国长久的历史友好关系，以及寻求国家现代化的相似历史任务是两国建立战略合作关系的重要基础。1992年邓小平发表南方谈话之后，中国的改革

---

[1] Mohammad Salman, Moritz Pieper, Gustaaf Geeraerts, "Hedging in the Middle East and China-U. S. Competition", *Asian Politics & Policy*, Vol. 7, No. 4, 2015, p. 591.

[2] Robert A. Pape, "Soft Balancing Against United States", *International Security*, Vol. 30, No. 1, Summer 2005, pp. 7-45.

开放工作进入了新的历史阶段，中国在外部广泛寻求资金、原料和市场。作为人口和市场大国，中国重视埃及在本国国家发展和对外开放中的重要地位。此外，20世纪90年代初，中国面临西方封锁的国际压力，因此，中国积极在全球范围内寻求战略伙伴，其中一项重要的工作就是在第三世界打开外交突破口，寻求更多的国际朋友。埃及具有重要的地区和国际影响力，并且对华友好。因此，中国希望加强与埃及的战略合作关系。进入20世纪90年代中后期，穆巴拉克政府在外交领域实行积极和全方位的外交政策，不仅保持与美国、欧洲和国际货币基金组织等域外力量的友好关系，而且积极与中东和非洲地区的国家发展良好关系，还与包括中国在内的其他国家加强联系。[①] 在经济领域，穆巴拉克政府实行的平稳而渐进的经济改革收到一定成效。埃及希望进一步深化经济改革，这需要获取国际资本和市场，中国是其理想的合作伙伴。因此，埃及也希望与中国发展友好关系。

最终，中埃两国在1999年确立了战略合作关系。两国在联合公报中提到的主要合作议题包括：①联合国安全理事会的改革。两国指出，赞成安理会改革，并强调要考虑地域平衡和发展中国家的代表性。事实

[①] 毕健康：《1998年埃及经济回顾与展望》，《西亚非洲》1999年第2期。

上,这可以视为中国支持埃及增强在联合国安理会中作用的背书。②中东和平进程问题。两国认为,中东和平具有重大价值,联合国决议、土地换和平的原则、马德里和会精神应当作为解决中东和平问题的基础,巴以达成的协议应当认真执行,巴勒斯坦人民具有自决和独立建国的权利。中埃应当借助各自影响力,合作推进和平进程。③中东和非洲地区核不扩散问题。中国支持穆巴拉克总统关于建立中东无大规模杀伤性武器区的倡议,并为埃及等国努力得以签署的非洲无核区条约感到高兴。④恐怖主义问题。双方反对各种形式的恐怖主义,并将在打击恐怖主义领域进行合作。⑤双方将加强在中国—阿拉伯合作机制,以及中国—非洲合作机制中的关系。双方回顾了1998年阿拉伯国家联盟通过5809号决议,以及1999年中国与阿拉伯国家联盟签署谅解备忘录以来的关系发展。此外,双方鼓励两国主管非洲事务的机构加强磋商和协调,并促进共同发展。⑥加强各领域合作。两国决定在政治、经济、社会和文化关系上加强合作,尤其是加强外长会晤机制,以及经贸合作。① 双方在公报中提及的合作领域议题广泛,平台多元,但主要还是政治性和安全

---

① 《中华人民共和国和阿拉伯埃及共和国关于建立战略合作关系的联合公报》,2000年11月7日,外交部网站,http://www.fmprc.gov.cn/web/gjhdq_676201/gj_676203/fz_677316/1206_677342/1207_677354/t6228.shtml。

性的，并且合作的内容仍然停留在宏观的方向层面，缺少具体的有可操作性的措施。

2. 2014年中埃联合声明的背景及其主要内容

2014年塞西总统访华期间，中埃两国正式建立了全面战略伙伴关系，这既有国际格局多极化趋势不断增强的大背景，也有中埃两国各自国家发展状况需要的原因。

2014年，国际体系多极化趋势进一步加强，大国能够更加自主地选择与美国之外的国家发展关系。美国虽然仍然是国际体系中综合实力最强大的国家，但是在经历了阿富汗战争和伊拉克战争的战略消耗，以及2008年国际金融危机的冲击之后，美国的实力有所下降。与此同时，欧盟、俄罗斯和以中国为代表的新兴经济体的实力相对上升，凸显了国际格局的多极化特征。由于美国领导全球治理的能力和意愿下降，因此，很多国家既需要重视与美国之外的大国发展关系，又能够免受美国压力而相对独立地与其他大国发展关系。在中东地区，奥巴马政府奉行战略收缩政策，突出表现在从伊拉克撤军，漠视巴勒斯坦问题的解决，减少对沙特和以色列等传统盟友的承诺，与长期的战略对手伊朗积极接触，在叙利亚问题上消极作为等。① 这种国际格局的变化为中国与埃及进一步加强关系提供了机会,在联合声明中,中埃两国强调,国际形势处在复杂的转型期,多极化和全球化趋势在增强。然而,全球安全形势仍不容乐观,霸权主义问题仍然凸显。因此,中埃需要与其他国家共同努力维护世界和平与稳定。

中埃战略关系的十五年发展成果的累积,以及两国新的发展阶段促使两国关系提升为全面战略伙伴关系。2013年习近平就任中国国家主席之后,强调中国的发展需要更深程度和更广范围的改革开放。中国政府在国内积极推进各个领域的改革,颁布了360多个改革文件,成立了中央全面深化改革领导小组。在国际上,承诺将进一步对外开放,并秉承积极进取的理念,提出了"一带一路"倡议。埃及作为地区性的大国,是中国开展全方位外交、推进"一带一路"倡议的重要伙伴。② 因此,中国努力将中埃关系确立为全面战略伙伴关系。西亚北非政治动荡之后,埃及百废待兴,需要中国的全方位支持。在经历了"一·二五革命"以及"七·三事件"两次大的政治变革之后,埃

---

① John J. Mearsheimer and Stephen M. Walt, "The Case for Offshore Balancing: A Superior U. S. Grand Strategy", *Foreign Affairs*, July/August 2016, p. 72.

② 慎海雄编:《习近平改革开放思想研究》,人民出版社2018年版,第1页。

及政治极化严重，国家进入新的安全化阶段；经济上，国家债台高筑，通货膨胀率和失业率居高不下，经济增长缓慢；外交上，由于人权等问题被欧洲和美国孤立。因此，埃及希望得到包括中国在内的东方国家在安全、政治、经济和外交领域的支持和帮助。最终，两国元首于2014年12月23日在北京签署了《中华人民共和国和阿拉伯埃及共和国关于建立全面战略伙伴关系的联合声明》，将两国关系推向了新阶段。

中埃两国在联合声明中提到的主要合作领域包括：①政治领域：继续保持两国高水平的政治关系和高层互访，加强对相关问题的意见交换和拓展合作；密切两国各级政府、部门和政党的交流合作；相互支持各自的核心利益。②经济、贸易和投资领域。在互利共赢原则的基础上，实现合作和共同发展；发挥经贸联委会的作用，实现贸易平衡发展；双方将在"一带一路"倡议框架下加强合作；加强核能领域合作；双方愿同阿拉伯和非洲国家加强合作。③军事和安全领域。中埃两军将在高层互访、军校交流、军工领域等方面合作；双方反对和谴责各种形式的恐怖主义，并将在应对恐怖主义威胁方面加强合作。④人文领域。中埃两国将深化两国人民的相互了解；支持文化团组互访，以及展览、艺术节和文化周等活动；鼓励高校、科研机构、媒体之间的交流；加强旅游合作；建立友好省市关系。⑤科技、航天领域。两国同意进一步发挥科技联委会的作用；外层空间的和平利用符合两国利益；加强在卫星技术和航天领域的合作。⑥地区和国际事务。两国强调尊重《联合国宪章》的原则，坚决反对新干涉主义和人权问题政治化；支持联合国安理会的改革，以及非洲国家在安理会的代表性；加强在气候变化、粮食和能源安全问题上的协调；推进中东和平与稳定，加强在巴勒斯坦问题上的合作；双方赞赏中阿合作论坛和中非合作论坛的作用。①

相较于1999年的联合公报，联合宣言涉及的中埃合作领域更加多元，议题更加广泛，并且合作措施更加具体，这为两国开展新一轮合作提供了指导方向和保障机制。为了更好地构建双方的全面战略合作伙伴关系，2016年1月21日，中国国家主席习近平访问埃及，两国签署了《中华人民共和国和阿拉伯埃及共和国关于加强两国全面战略伙伴关系的五年实施纲要》，这意味着中埃全面战略伙伴关系的意义更加重大，内容更加充实，合作更加具体，前景更加光明。

---

① 《中华人民共和国和阿拉伯埃及共和国关于建立全面战略伙伴关系的联合声明》，2014年12月25日，外交部网站，http://www.fmprc.gov.cn/web/gjhdq_676201/gj_676203/fz_677316/1206_677342/1207_677354/t1287649.shtml。

3. 中埃全面战略伙伴关系的特点

综观中埃全面战略伙伴关系，我们可以发现以下三个特点：

第一，战略性和伙伴性。中埃之间形成的战略关系，不是权宜之计，更不是策略性的，而是基于双方的战略利益，互相视对方为重要的合作伙伴。

在国际关系中，国家间合作可以区分为战略性合作关系和策略性合作关系。战略性合作关系意味着各个国家为了最大限度地维护自身利益，进行整体性、长远性和根本性的谋划，进而开展合作实现共赢的方式。策略性合作关系意味着各个国家为了有效保障自身利益，进行短期性和随机性的合作方式。相较于策略性合作，战略性合作中的国家更加重视绝对收益，并且不会以一时一事的收益来判断得失，这就保证了合作关系的长效和深度。[①] 中埃两国实现战略性的合作关系定位，主要是基于两国在国际格局中的基本地位，双方长期的友好关系，以及双方对未来友好合作关系的期待。中国正在成长为一个不断接近世界舞台中心的全球性大国，而埃及是一个在中东地区和非洲地区具有重要影响力的地区大国。从1956年建交以来，两

---

① ［美］罗伯特·基欧汉：《霸权之后：世界政治经济中的合作与纷争》，苏长和等译，上海人民出版社2001年版，第96页。

国的友好合作关系源远流长,虽然也有一些磕磕绊绊,但整体上经受住了历史和时间的考验,维持了长期的良好关系。双方领导层基于国际格局的演变,以及两国国家发展的基本需求,认为双方未来的友好合作不仅是可预期的,而且有利于两国的国家利益。

伙伴关系外交创制于江泽民时期,习近平主席执政以来,将伙伴关系外交进一步深化,使之成为涵盖大国、发展中国家和国际组织的机制。这种外交机制具有以下特征:它是介于建立外交关系和联盟之间的关系模式;它是多层次和多形式的,特定形式的伙伴关系具有不同含义,但整体上构成了中国外交的规范议程,显示出灵活和多样的好处;其理念是相互尊重和平等相待,彼此合作而非对立冲突,促进理解包容;其目的是在不采用西方结盟模式的情况下建立全球伙伴网络,尽可能在全世界范围内多交朋友。整体看来,伙伴关系可以被视为中国外交中的朋友,从而增强中国的国际影响力。发展伙伴外交彰显了中国试图设置国际关系规范议程的雄心壮志,即结伴而不结盟的模式有助于创造合作共赢基础上的新型国际关系。[1] 塞西总统执政以来,中国便积极与埃及发展友好关系,2014年12月中国将与埃及的双边关系提升至全面战略

---

[1] Feng Zhang, "China as a Global Force", *Asia & the Pacific Policy Studies*, Vol. 3, No. 1, January 2016, pp. 121–123.

伙伴关系，显示出中国与埃及试图发展双方良好关系的强烈意愿。

第二，全面性和全局性。一方面，中埃之间的战略合作突破以往的政治和经济框架，逐渐发展为涵盖各领域的合作关系。1999年的联合公报中，中埃合作的领域主要是政治性的议题，只是很少涉及经济议题，对于其他领域基本未提及。2014年的联合公报将合作领域确定为政治、经济、安全、人文、科技、国际事务六大方面，具体议题包括26条内容。2016年的五年实施纲要中，将之前的六大合作领域扩展为政治，经贸、投资和银行，军事和安全，科技、航天、核能、通信和信息技术，文化、新闻、旅游、教育、人文，环境、农业和林业，能源和油气产业，卫生，司法和法律，国际和地区事务十大领域，并且将具体的合作议题从联合声明的26条扩展到80条。①

另一方面，中埃关系不仅涉及双边，而且关涉中东和非洲地区和平、稳定和发展。事实上，中埃两国除了在两国各领域的联委会框架下进行合作，而且在中阿合作论坛、中非合作论坛，以及联合国等国际组织框架下进行合作。由于埃及是重要的地区大国，中

---

① 《中华人民共和国和阿拉伯埃及共和国关于加强两国全面战略伙伴关系的五年实施纲要》，2016年1月22日，外交部网站，http://www.fmprc.gov.cn/web/gjhdq_676201/gj_676203/fz_677316/1206_677342/1207_677354/t1333937.shtml。

埃在这些框架下的合作不仅能够进一步促进两国的合作，而且能为中国与其他地区国家的合作提供榜样示范作用。此外，中国和埃及在巴勒斯坦问题、叙利亚问题、利比亚问题、也门问题等地区热点议题，以及全球气候问题、反恐和联合国维和领域都发挥重要作用，这也是双方合作的重点。

第三，长远性和前瞻性。中埃战略关系着眼长远，为了继往开来，挖掘潜力，2016年双方达成就未来五年全面合作协议进行沟通和磋商，从而为中埃关系长期友好发展进行全面规划。仔细观察《中华人民共和国和阿拉伯埃及共和国关于加强两国全面战略伙伴关系的五年实施纲要》，我们发现，中埃两国提出的合作不仅全面务实，而且谋虑长远，具有前瞻性。可以说，中国与埃及的全面战略伙伴关系走在了中国与发展中国家合作关系的前列。长期以来，中国囿于综合实力和外交传统，在外交的主动性和谋划性上有所不足，然而，五年实施纲要的提出显示出中国外交进入了长远规划和奋发有为的新阶段。

更重要的是，在哲学层面上，中埃关系是基于一定的价值理念引领。在国际体系转型和西方价值理念危机加剧的背景下，人们需要思考世界文明的前途和未来，需要重新审视东方文明的价值（它的内涵是和谐——人类与自然和谐、邻国之间的和谐），因此，世界需要东方价值观——这些价值观产生于东方国家。中国和埃及都是古老的东方国家，具有东方文明价值的共同心理认知和价值取向。这些构成了中国与埃及建立全面战略合作伙伴关系的历史认同感，共同认知基础提升了对双方战略合作的认知度。因此，充实中埃全面战略伙伴关系的内涵，必将丰富东方价值观，推动对新型世界文明关系的贡献。

三 "一带一路"和中埃合作新机遇和新动力

2013年9月和10月,中国国家主席习近平先后在哈萨克斯坦和印度尼西亚提出了建设"新丝绸之路经济带"和"21世纪海上丝绸之路"的合作倡议,两者逐渐被合称为"一带一路"倡议。近年来,"一带一路"倡议是中国外交中的重中之重。2016年,埃及总统塞西提出了促进国家整体发展的"埃及2030愿景"战略,这一战略内涵丰富,包括多项具体领域的项目发展战略规划。在实践中,"一带一路"倡议与"埃及2030愿景"战略存在着对接的巨大潜力。

(一)中国"一带一路"与埃及"2030愿景"战略对接分析

2016年1月,中国国家主席习近平与埃及总统塞西再次握手,中国倡导的"一带一路"倡议与埃及提出的诸多发展战略高度契合,互补对接一致,中埃两国建立了全面战略伙伴关系,双方多领域合作进入了新境界。

1. 中国与埃及就"一带一路"倡议开展战略对接的必要性

在"一带一路"倡议的执行过程中,战略对接的概念已经成为领导人讲话、官方文件和媒体报道中的高频词汇。[①] 虽然大家对战略对接的准确含义的认识并不一致,但是大家都承认战略对接意味着不同国家在国家发展战略的规划、实施和反馈过程中考虑彼此、相互协调、共同落实。事实上,中国与埃及的战略对接存在着必要性。

从中国方面讲,中国的战略资源和能力不足以包办一切,战略对接是一种实事求是的做法。一方面,中国自身的战略资源不足。"一带一路"倡议提出之后,关于中国包打天下的议论便不绝于耳。事实上,中国政府清楚地表明,"一带一路"主要是通过对接各国发展战略,实现资源互补和共同发展。近二十年,中国虽然实现了综合国力的飞跃,但是仍面临着发展

[①] 卢光盛、段涛:《"一带一路"视阈下的战略对接研究——以中国—中南半岛经济走廊为例》,《思想战线》2017年第6期。

质量不高、人均发展水平较低的问题。因此，中国尚不具备不计成本地对外投入资源的能力。即使是中国用于"一带一路"建设的大量战略资源，具体到沿线成员每一个国家身上之后，单一成员国获取的资源也是极为有限的。因此，这就需要包括埃及在内的沿线国在充分利用"一带一路"提供的发展机遇的同时，对接自身发展战略，从而更有效地实现发展。

另一方面，中国不可能比埃及方面更清楚地了解埃及。历史表明，任何一个主权国家提出的发展战略，即使能够充分考虑其他国家和民众的利益，但是本质上仍然具有鲜明的本地特色。"一带一路"倡议是在分析中国面临的内外问题的基础上提出的，虽然它具有"人类命运共同体"的色彩，但仍然是主要反映中国的理念、优势和特点。对于埃及来讲，它面临的基本发展任务、具有的发展条件和享有的发展理念并不是与中国完全契合的。因此，中国需要重视埃及自身的发展战略，只有这样，双方的战略合作才能更加有效。

从埃及方面讲，中国的"一带一路"倡议为埃及更好地实现本国战略目标提供了机会，战略对接是一种事半功倍的做法。一方面，中国的"一带一路"倡议为埃及的发展战略提供了新的借助力量。长期以来，埃及的国家发展在外部主要依靠美国和欧洲国家，然而，融入西方主导的国际经济体系并没有帮助埃及实现真正的发展。中国为埃及的发展提供了一种替代性的借助力量，对接"一带一路"倡议就是当前最好的借助工具。另一方面，中国的"一带一路"倡议能弥补埃及实施"2030 愿景"等战略的短板。埃及目前在多数国家战略的实施过程中面临着资金短缺和技术不足的问题，中国经过 40 年的改革开放，积累了丰富的技术和较为雄厚的资金，对接中国的"一带一路"倡议有利于帮助埃及更好地发展。

2. 中国与埃及就"一带一路"倡议开展战略对接的可能性

中国与埃及的战略对接不仅得到了两国精英层面的强烈认可和大力支持，而且双方长期以来形成的合作机制也将为两国的战略对接提供重要的保障，这两方面确保了中埃战略对接的可能性。

第一，双方精英层面都意识到战略对接的重要性。长期以来，中国政府就强调"一带一路"倡议不是另起炉灶，而是战略对接，这对于埃及也不例外。习近平主席在 2017 年会见塞西总统时强调，中埃两国要对接发展战略，利用基础设施建设和产能合作两大抓手，共同将埃及打造成"一带一路"沿线支点国家。[①] 中

---

① 《习近平会见埃及总统塞西》，2017 年 9 月 5 日，中国政府网，http：//www.gov.cn/xinwen/2017-09/05/content_5222781。

国有学者认为，中埃两国既有的高水平合作关系是埃及"振兴计划"与中国"一带一路"倡议战略对接的基础，而战略对接的有效性是双方未来合作成功与否的关键。[①] 埃及精英也认为，埃及应当对接中国的"一带一路"倡议。塞西在2017年的世界青年论坛新闻发布会上说，埃及将与中国一道，围绕"一带一路"倡议开展互利合作。埃及《共和国报》第一副总编辑阿布德·法乌兹在2017年接受采访时，强调中国的"一带一路"倡议与埃及的"向东看"战略具有契合之处。在国家层面，埃及不仅提出了"2030愿景"战略，而且提出了2020年工业发展和对外贸易战略，其主要目标包括出口率增长到10%，出口额达300亿美元；工业生产占GDP的比重由18%增至21%；提供300万个就业机会；工业领域的总投资额达1000亿美元。这与"一带一路"倡议倡导的通过产能合作帮助其他国家工业化，以及贸易畅通促进共同发展的理念不谋而合。

第二，中埃之间既有的合作机制是战略对接的保证。毫无疑问，战略对接需要机制保障，而中埃之间长期以来形成了诸多合作机制。一是双边层面形成了多个领域的中埃委员会，以及工作组和协调委员会等，

---

① 赵军：《埃及发展战略与"一带一路"建设》，《阿拉伯世界研究》2016年第5期。

并运转良好。其中比较重要的包括中埃经贸联委会、中埃防务合作委员会、中埃科技联委会、中埃文化联委会、中埃农业合作联委会等。以经贸领域的双边合作机制为例，截止到2017年，中埃经贸联委会已经召开了七次大会，并且成立了中埃产能合作工作组和中埃苏伊士经贸合作区政府间协调委员会，这些机制能确保中埃经贸合作落实到位。二是两国在多边合作机制中配合良好。两国在联合国框架内积极合作，尤其是安理会改革和维和议题方面。通过中非合作论坛和中阿合作论坛，中国和埃及的关系不断进步。两国都是亚洲基础设施投资银行的创始成员国，并且都支持全球贸易机制的改革。此外，两国在上海合作组织、亚信会议、二十国集团平台上也存在深度的沟通和合作。

3. 中国与埃及就"一带一路"倡议开展战略对接的基本特点

"一带一路"倡议在2013年下半年提出，而塞西恰恰也是在那时开始执政的，他出任总统后更是推出多项重磅发展战略，这为双方战略对接提供了机遇。在双方的战略对接中，形成了以下三个基本特点。

第一，中埃战略对接属于协作式对接。战略对接可以分为三种形式：分界式战略对接、协作式战略对接和共生式战略对接。这三种对接形式在对接的紧密程度、期待高度和获取支持程度上呈现出递减的趋势。① 中国与埃及的战略对接属于协作式，主要表现在双方的战略对接能够为彼此提供重要的支持和援助，但同时保持着战略的自主性和独立性。一方面，中国与埃及的战略对接处在较高的水平。双方呈现出多层次、宽领域、高程度的战略对接，两国的战略对接发生在政府和地方层面，经济、政治、文化和安全等多个领域，并且有多个合作机制作保障。另一方面，中国与埃及在战略对接中保持着高自主性。中国和埃及作为大国，在合作中对维护自身利益都具有强烈意愿。双方寻求积极合作，但同时强调在战略合作中应当保持自主性。

第二，中埃战略对接体现共商、共建、共享原则。共商体现对话在国际关系中的重要价值，中国和埃及进行的共商，旨在建立或重建一种关于共同的行为规范，以及关于在具体的情境中对规范的解释和恰当应用的共识，这种共识是两国进行友好交往的基础。② 两国不仅领导人频繁会晤，而且存在多个协商对话机制，这促进了双方的战略对接。共建意味着中埃两方在合

---

① 岳鹏：《论战略对接》，《国际观察》2017 年第 5 期。
② Thomas Risse, "Let's Argue!: Communicative Action in World Politics", *International Organization*, Vol. 54, No. 1, 2000, p. 7.

作中都需要贡献自己的力量，不是一方代替另一方的发展，更不是一方压迫另一方的发展。在中埃战略对接中，双方发挥各自的战略特长，实现了优势互补，例如中国发挥资金、管理和技术优势帮助埃及发掘人力资源和快速发展，埃及发挥地缘、文化和法律优势帮助中国拓展市场和增强全球影响力。共享表明中埃双方在战略对接中能够相对公平地获益，两国在战略对接中既要自由平等，又要坚持公平原则。由于中埃两国不同的资源禀赋和国家实力，中国在战略对接合作中投入了更多资源，因此，中国的相对收益也更多一些。但是，埃及通过战略对接，同样获取了大量的资金、技术和管理经验，并提升了国家治理能力。

第三，中埃战略对接具有磨合性和开放性。由于中埃两国的利益差异，两国的战略对接存在着相互调适的过程。以中国对埃及的投资为例，我们能够清楚地看到，两国的战略对接并不是一帆风顺的。2014年以来，中国对埃及的投资经历了急剧上升到下降再到平稳的过程，这主要受到"一带一路"倡议相关政策刺激，中方投资者回归理性，以及埃及新《投资法》激励的影响。此外，两国的战略对接具有开放性。也就是说，中埃战略合作并不是排他和封闭的，而是具有地区包容性的。例如，中国支持埃及的苏伊士运河走廊开发项目，不仅是为了促进埃及的经济增长，而且有拓展亚欧非经济联系的考虑。此外，一些埃及学者也重视"一带一路"的开放特征。例如，萨利姆（A. R. E Salah Salem）指出，中国可以帮助建设连接埃及到南非的泛非铁路，促进埃及的发展和非洲一体化进程。

（二）中国和埃及共建"一带一路"的机遇和动力

在中埃双方的战略对接中，"一带一路"倡议无疑是最重要的合作平台。特定的历史发展阶段为中埃共建"一带一路"提供了重要机遇，而互有所需和观念汇聚是双方共建"一带一路"的重要动力。在国际政治中，包含时间和条件的机遇具有重要的意义，时序和时机对于历史进程往往具有超强的影响作用。同一件事，发生在不同的时间节点，其产生的作用往往明显不同。[1] 中国"一带一路"倡议的提出，并获得大多数国家的认可，主要是在西方发展模式受阻，以及这些国家有迫切求发展的意愿的历史情境下产生的。

---

[1] ［美］保罗·皮尔逊：《时间中的政治：历史、制度与社会分析》，黎汉基、黄佩璇译，江苏人民出版社2014年版。

1. 国际性机遇

西方发展模式所产生出来的问题,既为中国推行"一带一路"倡议提供了机会,又是发展中国家愿意接受"一带一路"倡议的重要原因。西方实力的下降,以及中国实力的上升,是中埃共建"一带一路"的国际性机遇。

长期以来,西方发展模式对于发展中国家的发展能力、制度、公平和质量四个方面具有破坏作用。一是西方殖民改变了发展中国家的自然经济增长模式,破坏了这些国家的经济增长能力。欧洲殖民大国只对原料和市场感兴趣,它们极力从殖民地攫取资源和获取市场,而不关注这些地区的发展。这种对发展中国家的殖民造就了一个缺乏"发展能力"的"不发展"的状态,[1] 并且这种状态不断自我强化,从而对这些地区的经济和社会具有深远的消极影响。

二是西方扩张造成了发展中国家的制度脆弱,从而破坏了这些国家发展的良好环境。现代国际社会的历史是一部西方规范和制度扩展的历史,发展中国家被动卷入的过程造成了国家制度的脆弱。西方国家经历500余年的时间才达成今天的民族国家形态,如果

---

[1] W. R. Easterly, *The Whiteman's Burden: Why the West's Efforts to Aid the Rest Have Done so Much Ill and so Little Good*, New York: Penguin, 2006.

将西方世界民族国家构建的历史视为一个三阶段的过程，它可以分为国家统一和确立时期，民众政治参与的民主化时期，福利国家建设时期。发展中国家往往需要在近百年的时间里，同时完成上述三大任务，这导致它们很难建立起高质量的国家制度。

三是西方列强强行移植的政治体制被当地的政治精英用来扩展自身利益，进而阻碍了发展中国家的公平发展。发展中国家在不同的条件下，在不同时间取得独立，它们的殖民宗主国各不相同，也有着不同的传统，并建立了不同形式的政府。在发展中国家，"世袭"威权政府推动了"庇护主义"，导致频繁使用强迫和诱导的手段进行政治控制。许多威权政府充斥着传统贵族地主和新兴的工业家之间的冲突、庇护政治、"行政主导"等问题，而军队、官僚机构和商界精英形成了共生关系。这些因素产生于外部的影响，并且源于内在的制度困境，最终塑造了不公平的权力关系和治理模式，并妨碍了发展。

四是依附于欧美经济体系的发展模式，造成了发展中国家没有质量的增长。研究表明，外援对接受援助的发展中国家的发展没有影响或者影响不大。讽刺的是，那些偿还债务的费用往往比这些国家在教育、医疗、卫生方面得到的援助金额还要高。此外，近期国际金融市场的波动已经迫使许多发展中国家在短期和中期内进一步寻求对外贷款，这或许将造成更高的援助依赖，除非这些国家重组经济，以减少对援助的依赖。过度依赖西方主导的经济体系，使发展中国家的经济被锁定在全球产业链下游位置，其参与全球化程度越深，经济边缘化、贫困化处境就越明显。① 因为不佳的地理位置，加之普遍缺乏结构转型，以及质量较低的人力资本和基础设施，除了一些石油生产国之外，大多数国家对于外国直接投资来说并不是很有吸引力的目的地。显然，这些都不利于它们的发展。

2010年前后，西方国家面临广泛的危机，经济领域爆发了国际性金融危机，政治领域产生了不断极化的对立，在国际政治领域，西方国家领导全球治理的能力和意愿在下降。此外，许多发展中国家并未从与西方的紧密关系中获益，这引起了包括埃及在内的许多发展中国家的反思。因此，它们愿意尝试借助中国的"一带一路"倡议实现发展。

2. 双边性机遇

埃及在西亚北非政治动荡之后面临安全、政治、经济、社会等诸多问题，2013年"七·三事件"后还面临欧洲和美国的政变批评和人权指责，埃及希望能

---

① 田文林：《美式全球化背景下的伊斯兰世界》，《经济导刊》2017年第3期。

借助中国的"一带一路"倡议脱困。与此同时，中国重视中埃长期的友好关系，并试图借助埃及高效推进"一带一路"建设，这是中埃共建"一带一路"的双边机遇。

长期以来，中埃两国的双边关系发展平稳而顺畅。1956年，中埃两国政府发表联合公报，宣布建立外交关系。埃及从而成为首个同中国建交的阿拉伯国家和非洲国家。在建交之前，中埃两国就有着频繁的经贸和文化往来，而在建交之后，两国更是在反帝、反殖民等问题上立场一致，相互支持。在印尼的万隆会议上，周恩来总理就在纳赛尔提出的收回苏伊士运河等问题上对埃及进行大力支持，而纳赛尔也支持中国提出的"不结盟"政策。在萨达特时期，埃及继续重视发展同中国的双边关系，中埃关系也得到不断的巩固和发展。萨达特在生前计划对中国进行访问，从而完成其前任纳赛尔总统未能实现的夙愿，但最终因遇刺身亡而未能实现。萨达特的继任者穆巴拉克一贯重视发展对华关系，为促进中埃两国友好合作关系作出了重要贡献。他先后九次访华，出任总统前后，先后与毛泽东、周恩来、邓小平、江泽民、胡锦涛等中国领导人会面，并与他们建立了良好的关系。1999年4月穆巴拉克第七次访华期间，与江泽民主席在北京签署了联合公报，双方确定建立面向21世纪的战略合作关系，从而将两国关系推向新的发展阶段。2002年1月，穆巴拉克第八次访华，两国签署了《中埃经济技术合作协定》《中国向埃及提供优惠贷款的框架协议》《中埃和平利用原子能合作协议》《中埃关于石油领域开展合作的框架协议》及《关于中国公民组团赴埃及旅游实施方案的谅解备忘录》五个协议。

在经历了"一·二五革命"给埃及带来的持续动荡之后，塞西上台后在稳定国内局势的基础上继续重视发展对华关系。2014年12月23日，在上台6个月之后，埃及总统塞西就对中国进行了国事访问，阿拉伯语的许多媒体也都报道称，这体现了埃及对发展同中国双边关系的重视。在这次会谈期间，习近平主席同塞西共同决定将中埃关系提升为全面战略伙伴关系，为双方关系发展提供了新机遇。2016年1月，习近平主席对埃及进行访问，进一步深化了中埃两国之间的传统友谊。值得指出的是，塞西重视发展对中国的关系，不仅是中埃两国传统友谊的进一步发展和延伸，而且是埃及采取的多元平衡外交战略措施的体现，更是埃及渴求吸引外资、促进国内经济增长的重要举措。

3. 共建动力

既有研究表明，国家间的合作动力包括权力、制度和文化。① 中国与埃及共建"一带一路"的动力主要来自两个方面：一是互有所需的物质动力，二是理念汇聚的观念动力。

第一，中国和埃及共建"一带一路"是基于相互需求。一方面，中国的发展，特别是在地中海、西亚非洲地区推动"一带一路"建设离不开埃及。另一方面，埃及的复兴不可能仅靠自身的力量完成，它迫切需要中国的支持。

"一带一路"是中国加强与亚欧非国家关系之路，苏伊士运河是埃及拓展对外合作之途。对中国而言，其一，埃及拥有丰富的人力资源和庞大的市场，较好的工业基础和基础设施状况，相对稳定的政治局势和安全形势，具有地区影响力的文化和软实力，因此是共建"一带一路"的理想伙伴。其二，埃及位于"一带一路"西端交会地带，拥有独特的区位优势和枢纽地位，不仅能够辐射西亚和非洲地区，而且是中国通往欧洲地区的战略要冲，因此是推进"一带一路"建设的重要合作伙伴。对埃及而言，中国是发展中大国，拥有雄厚的产能、资本和技术优势，是参与"苏伊士运河走廊经济带"开发等多项国家大项目的优选合作伙伴。此外，中国通过独立自主的探索，走出了一条

---

① H. Andreas, M. Peter, and R. Volker, *Theories of International Regimes*, Cambridge: Cambridge University Press, 1997, pp. 3–6.

不同于西方发展模式的成功道路,这对于同样重视本国特色发展模式的埃及,具有重要的经验价值和借鉴意义。中埃在地理区位、资源禀赋、产业结构、技术资本等方面正不断呈现出互补优势,在贸易、投资、现代工业、现代农业、交通运输、电力能源、卫星科技等领域也蕴藏着巨大合作潜能。

第二,理念汇聚促进了中国和埃及共建"一带一路"。一方面,中埃两国的精英和民间层面都对彼此友好,伙伴关系的定位是双方共建"一带一路"的重要规范基础。另一方面,两国基于理性主义的基本原则,都认为双方的合作有利于自身的发展。

伙伴关系的定位从规范的角度促进了中埃共建"一带一路"。根据适当性逻辑,行为者在行动中,往往根据角色和制度的关系认识适当行为的标准,而不是根据自己的利益,行为者试图"做正确的事",而非实现利益最大化或最优化给定的偏好。[1] 中国政府多次在正式文件中强调埃及的伙伴关系地位,埃及也同样重视中国的伙伴身份。在双方的社会层面,学者和平民也都对彼此保持有较高的好感度。2014 年双方确定了全面战略合作伙伴关系,这意味着双方的行动应

---

[1] James G. March, Johan P. Olson, "The Institutional Dynamics of International Political Orders", *International Organization*, Vol. 52, No. 4, Autumn 1998, p. 943.

符合"伙伴"角色的定位,即共同努力完成特定的任务。

中埃两国政府认为合作符合各自的利益,这从工具理性的角度促进了双方共建"一带一路"。根据推论的逻辑,行为体的利益与偏好在交往过程中被视为固定的领域,理性选择关注行为者在给定的身份和利益的基础上进行战略交往并且通过战略行为实现自身的偏好,行为者的目标是最大化或最优化自身的利益和偏好。中埃双方许多政府官员和学者都认为,双方的合作有利于本国的国家利益。《中华人民共和国和阿拉伯埃及共和国关于建立全面战略伙伴关系的联合声明》指出,中埃加强合作符合中埃两国人民的利益。中国的许多国际问题专家都认为,中国与埃及应当加强合作,这有利于中国的国家利益。[①] 埃及开罗大学政治学教授赛义德·萨布里指出,加强埃及和中国的外交关系,符合埃及的国家利益。

(三) 中国与埃及共建"一带一路"的主要领域和进展

埃及属开放型市场经济,拥有一定基础和实力的

---

① 戴晓琦:《埃及:"一带一路"的中东支点》,《大庆师范学院学报》2016年第2期;毕健康:《"一带一路"与非洲工业化——以中埃经贸合作区和亚吉铁路为例》,《新丝路学刊》2017年第1期。

工业、农业和服务业体系。服务业约占国内生产总值的50%。工业以纺织、食品加工等轻工业为主。农村人口占总人口的55%，农业占国内生产总值的14%。石油天然气、旅游、侨汇和苏伊士运河是四大外汇收入来源。2015—2018年埃及GDP增速分别为4.4%、4.3%、4.2%、5.4%。

埃及总统塞西2018年4月成功连任，意味着该国未来四年将处在稳定的政治环境之下。与此同时，埃及的经济平稳向好，国际货币基金组织预测该国2019年的实际GDP增长可能达到5.5%。

1. 埃及重要投资与合作领域

其一，基础设施建设。埃及政府希望改善基础设施建设，营造更好的营商环境，但需要国外资金、技术的协助才能得以完成。埃及塞西政府上台后计划修建大量新公路及地铁，中国企业可借此拓展在埃及承建基础设施的范围，主动竞标道路、地铁等项目的建设。

其二，移动通信业。埃及电信行业近几年发展较快，根据埃及通信和信息技术部（MCIT）数据，截至2017年6月底，全国电话用户总数达到10660万，移动电话市场基本达到饱和状态，渗透率111.56%。目前埃及电信行业发展形势整体向好，随着埃及国家信息通信技术战略实施及4G业务的正式运营,埃及电信宽带业务和数字化业务将会快速发展,市场空间大、机会多。根据埃及通信和信息技术部2030年发展规划（MCIT 2030 Strategy）,2017/2018财年,埃及通信产业产值将达到1203.7亿埃镑,对GDP的贡献度将达到6.02%,直接或间接创造就业岗位达到50万个。

埃及移动通信业的快速发展给中国电信运营商、通信设备企业提供了开拓海外市场的机会。埃及通信业的蓬勃发展需要足够的电信基础设施作保障,埃及民众收入水平较低,更需要物美价廉的移动电话。据埃及当地《每日新闻》报道,2018年5月华为手机在埃及的市场份额由4月的13.9%增至14.8%,位居第二；联想手机在埃及的市场份额由4月的6.9%增至7.6%,位居第四；Infinix（传音）手机在埃及的市场份额由4月的6.4%增至6.9%,位居第五；OPPO手机在埃及的市场份额由4月的3.1%增至3.6%,位居第六。

其三,机械制造业。埃及机械制造业水平较低,纺织、农耕、工程、通信、电力等机械设备几乎完全依赖进口。中国机械制造业发达,出口海外的机电因产品质量较好且价格较为低廉,在埃及越来越受欢迎,进口量越来越大,2005年进口额为3.43亿美元,2017年进口额增长至51.5亿美元。

然而，中国对埃及日益增多的机电产品出口容易引起埃方对中国出口企业采取反倾销措施，为了避免这种情况出现，中国企业可更多采取与埃及本土企业合资设厂生产带有埃及本土化性质的产品，在当地生产的产品不仅可以进入埃及市场，还能以埃及市场为跳板，进军与埃及达成贸易优惠政策的其他外国市场，如欧盟、阿拉伯自由贸易区等，从而提高中国机电产品的对外出口能力。除此之外，由于埃及政府现已有部分贸易保护主义行为，通过关税和非关税等形式阻止国外产品流入埃及，如汽车业，整车进口埃及的关税在原来的基础上提高了30%。针对此形势，中国企业可以采用CKD（Completely Knock Down，全散件组装）的方式，提供零部件或采用特许经营的方式，把中国质优价廉的机电产品推广到埃及市场。

其四，新能源。埃及的电力以燃油和天然气发电为主，天然气发电约占总发电量的77.8%。阿斯旺水电站是埃及现有唯一的水电站，一批风能、太阳能电站拟进行建设，埃及可再生能源市场前景较为广阔。一方面，埃及具有较为丰富的可再生能源资源，埃及具有良好的风能资源，且埃及是《国家风力地图集》（*National Wind Atlas*）中标注的全球38个国家之一。埃及被认为是一个"太阳带"的国家，每年的太阳直接辐射达到2000—3000kWh/m²。在埃及，太阳从北到南每天照射9—11小时，太阳能资源较为丰富。另一方面，埃及政府拥有较为明确的可再生能源发展规划，合作机会较多。

埃及计划到2022年，利用可再生能源（风能12%、水能5.8%和太阳能2.2%）提供20%的发电量。而埃及太阳能计划的目的是到2027年实现3.5GW的装机容量，包括2.8GW的PV和700MW的CSP。除此之外，埃及还计划到2022年生产7.2GW（占总发电量的12%）的风电。该计划呼吁重要的私营部门参与进来，并指出私营部门将主导实现该计划目标的67%。

由此观之，埃及拥有丰富的土地、光照和风力资源，这使其成为非洲可再生能源发展的最佳目的地之一，而可再生设备市场的潜在价值达数十亿美元。中国能源企业特别是新能源企业可以此为契机加快进入埃及的步伐。

第一，大力开展产能合作。重点是以直接投资方式向埃及大规模转移劳动密集型工业生产能力。主要投资场所是埃及的苏伊士运河经济走廊区域。该区域属于投资法实施条例划分的A类区域，可享受最多的投资优惠措施。主要投资行业可选择轿车组装厂、电子产品生产企业、炼油厂、石化厂、金属加工厂、物流调拨中心、燃料贮存中心、船舶修造厂、集装箱制造和修理厂、家具和木器制造厂、纺织厂、玻璃制造厂等，这些行业是苏伊士运河经济走廊项目的优先发展行业。

第二，扩大工业园区合作。主要是进一步扩大中埃苏伊士经贸合作区的规模。特别是落实好2016年1月习近平主席和塞西总统共同揭牌的中埃苏伊士经贸合作区二期项目。该合作区也位于投资法划定的A类区域，可充分发挥其桥头堡功能，通过吸引更多企业入驻园区，不断扩大双方产能合作的战果。

第三，扩大基础设施建设。埃及经济发展的基础设施瓶颈比较明显。与中国相比，埃及2014年人均电力消费量为1658/3927度，每百人互联网用户比例为31.7/49.3户，每万平方千米的铁路里程为52/70千米，2016年每百平方千米的公路里程为9.2/48.8千米。[①] 基础设施建设大有潜力可挖。电力短缺是埃及经济发展的主要瓶颈，应重点落实习近平主席访问埃及时签署的汉纳维燃煤电站项目和埃及国家电网升级改造项目。

第四，关注努比亚砂岩水层。埃及虽然地表水资源并不丰富，但位于埃及、利比亚、苏丹和乍得之间的地下淡水资源丰富。据报道，这一被称为"努比亚

---

① 世界银行数据库，世界发展指标，http://wdi.worldbank.org/tables。

砂岩"的地下淡水层的面积达200万平方千米，厚度为140—230米，蓄水量约15万立方千米，超过尼罗河200年的总流量，且每年的补水量相当于储水总量的2.5%，有巨大的开发潜力。[①] 埃及尚未大规模开发努比亚砂岩地下淡水层，一旦开发将对埃及的经济发展产生长远影响。

第五，推进数字经济、信息化和高科技领域的合作。埃及二号卫星项目是中埃开展"一带一路"合作的标志性项目之一，也是落实中非合作论坛"八大行动计划"的具体项目之一。埃及二号卫星项目负责人艾哈迈德·拉菲表示，埃及二号卫星应用前景广阔，投入使用后将服务于埃及各领域："埃及二号卫星是一颗小型遥感卫星，同时搭配有一套地面测控系统。这一项目将成为埃中航天技术合作成功的又一典范，它所搭载的卫星应用将有效帮助埃及实现多层次发展。"近期，华为埃及公司首席执行官孙珞程表示，未来五年，华为将通过网上学院和英才计划为埃及社会培养超过12000名工程师，为埃及实现数字化转型贡献力量。

[①] 参见杨光主编《2002—2003年中东非洲发展报告》，社会科学文献出版社2003年版，第44页；中国驻利比亚大使馆经商参处："利比亚与埃及、乍得、苏丹达成协议共享地下水"，2013年9月23日，环球网，http://china.huanqiu.com/News/mofcom/2013-09/等。

2. 中国与埃及共建"一带一路"的新进展

当前，几乎所有对共建"一带一路"成就的评估都依托于"五通"标准，即政策沟通、设施联通、贸易畅通、资金融通和民心相通。本报告也采用"五通"标准考察中国与埃及共建"一带一路"的领域和进展。

（1）中国和埃及之间的高水平政策沟通

中埃两国各级政府层面的交往十分频繁。第一，在国家层面，两国最高领导人实现了互访并多次会晤。塞西总统在2014年5月正式当选埃及总统以来，连续六年访问中国，分别是2014年12月、2015年9月、2016年9月、2017年9月、2018年9月、2019年4月。2016年1月，中国国家主席习近平访问埃及。此外，2015年，塞西总统和习近平主席还在莫斯科实现了会晤。2018年塞西总统赴华出席中非合作论坛北京峰会期间，专程访问中央党校并发表演讲，表示钦佩中国的全方面发展成就，愿更多学习借鉴中国改革发展经验。2018年11月，埃及总理马德布利访华。此外，其他中国国家级领导人多次访埃。2014年11月，中共中央政治局委员、中央政法委书记孟建柱作为习近平主席特使访埃。2015年6月和2019年1月，中国国务委员杨洁篪两次访问埃及。2016年，中国国务院副总理刘延东、全国人大常委会副委员长吉炳轩、全国政协副主席王家瑞分别于3月、11月和12月访问埃及。2018年10月，国家副主席王岐山访问埃及。

第二，在部长级层面，两国交往也十分频繁。2014年，中国外交部副部长张明于1月访问埃及，工业和信息化部长苗圩在6月作为习近平主席特使出席了塞西总统就职典礼，外交部长王毅在8月访问埃及。同年，埃及外交部长法赫米在6月来华出席中阿合作论坛第六届部长级会议，投资部长萨勒曼在9月来华出席2014年"夏季达沃斯论坛"。2015年，中国商务部长高虎城在3月作为习近平主席特使出席"埃及经济发展大会"，文化部长雒树刚于8月作为习近平主席特使出席埃及新苏伊士运河竣工典礼。同年4月，埃及国防部长苏卜希访华。2016年，埃及住房和公共设施部长马德布里，通信和信息技术部长艾尔卡迪，工贸部长卡比勒、投资部长胡尔希德分别访华。2017年，中国中央统战部长孙春兰和教育部长陈宝生分别于4月和11月访问埃及。同年，埃及投资和国际合作部长萨哈尔、贸易和工业部长塔里克访问中国。2018年7月，埃及外长舒克里访华。[1]

---

[1] 《中国同埃及的关系》，2018年2月，外交部网站，http://www.fmprc.gov.cn/web/gjhdq_676201/gj_676203/fz_677316/1206_677342/sbgx_677346/。

第三，双方签署多项重要文件。其中最为重要的是2014年的《中华人民共和国和阿拉伯埃及共和国关于建立全面战略伙伴关系的联合声明》，2016年的《中华人民共和国和阿拉伯埃及共和国关于加强两国全面战略伙伴关系的五年实施纲要》和《中华人民共和国政府和阿拉伯埃及共和国政府关于共同推进丝绸之路经济带和21世纪海上丝绸之路建设的谅解备忘录》《关于苏伊士经贸合作区的协定》《中国商务部与埃及航空部关于开展区域航空合作的谅解备忘录》。众所周知，联合声明、合作协定和协议文件的签订是国家间关系密切化的重要标志，2014年以来，中埃达成的多项重要文件表明双方的政策沟通正在积极开展。

（2）不断发展的设施联通

中国与埃及之间有着便利的海运。广州、深圳、上海、宁波、青岛、天津等港口有往返埃及亚历山大、塞得港、达米埃塔和苏科纳的船舶，航行时间为20天左右，价格为每立方米35—100美元不等。中国的几大航空港，如北京、上海、广州，甚至武汉、成都等地都有直飞开罗的航班。

中埃两国在手机和通信领域的联通也显著增强。据埃及《每日新闻》报道，2018年5月，华为手机在埃及的市场占有率位居第二，仅次于三星，并领先于苹果，而中国的联想、传音、OPPO手机分别位居第

四、第五和第六。[①] 作为全球通信技术领域里的巨头之一，中国华为在埃及开罗设立了北非开放实验室，侧重于公共安全、智能电网、智慧城市和智慧政务等领域。

双方基础设施互联互通的重大合作项目成果颇丰。2015年"中埃产能合作框架"正式签署，2017年埃及国家电网500千伏输电线路项目签约并执行顺利。作为埃及目前最大的输电线路工程，该项目将提升尼罗河三角洲地区的电力供应能力，提升埃及国家电网的稳定性，促进埃及能源利用和经济发展。[②] 此外，中航国际公司承担的斋月十日城市郊轻轨项目正式签约，这将是埃及第一条电气化轻轨线，最终会极大地便利开罗市区、斋月十日城和新行政首都之间及其沿线的交通联系。

（3）逐渐升级的贸易畅通

第一，中国成为埃及最大的贸易伙伴和第一大进口来源地，也是埃及的第九大出口目的地。通过对埃及同120多个国家和地区的贸易往来考察，中国已连续数年成为埃及最大贸易伙伴和第一大进口来源地，

[①] 景玥、黄培昭：《中国手机品牌在埃及受青睐》，《人民日报》2018年7月9日第22版。

[②] 《中行北分：打造"一带一路"金融服务网络 为企业"走出去"注入"中行力量"》，2018年4月12日，新华网，http://www.xinhua-net.com/money/2018-04/12/c_129849080.htm。

埃及也成为中国在阿拉伯国家第三大出口市场。2017年埃及前五大贸易伙伴分别为：中国、意大利、沙特、美国、德国。

近五年来，中国与埃及之间的贸易发展呈现出以下几个特点：一是贸易水平较高。2007年，中国成为埃及第三大贸易伙伴（第一为欧盟，第二为美国）。2013年，中埃贸易额首次突破百亿美元，达102.1亿美元，中国超越埃及传统的最大贸易伙伴，成为埃及第一大贸易伙伴。2018年，双边贸易额138.3亿美元，其中中国对埃及出口119.9亿美元，埃及对中国出口18.4亿美元（见表4）。二是贸易不平衡性有所缓解。中埃之间的贸易不平衡问题长期存在，双方在积极应对这一问题，主要措施是中国加大从埃及进口商品。例如，2017年，中国积极从埃及进口农产品，埃及的鲜橙和葡萄已成功进入中国市场，对于降低埃及的贸易逆差起到了积极作用。从2015年开始，中埃之间的贸易差额有所降低，已经从2015年的110.5亿美元降低到2017年的82.1亿美元。值得注意的是，2018年中国从埃及的进口额为18.4亿美元，为近五年的最高水平。三是双方贸易结构的差别仍未改变。整体来看，中国主要向埃及出口工业制成品，包括机电产品、汽车及其配件、化工产品、钢铁及其制品等。中国主要从埃及进口原材料，包括原油和矿产、农产品和化工制品等。

表4　　2013—2018年埃及与中国贸易额情况（单位：亿美元）

年份 \ 贸易额	贸易总额	中国出口	中国进口	贸易差额
2013	102.1	83.5	18.6	64.9
2014	116.2	104.6	11.6	93.0
2015	128.7	119.6	9.1	110.5
2016	109.9	104.3	5.5	98.8
2017	108.7	95.4	13.3	82.1
2018	138.3	119.9	18.4	101.5

资料来源：中国海关。

第二，中国与埃及的工程劳务合作发展迅猛。20世纪70年代中国进入埃及建筑市场。在80年代，中国在埃及建筑市场的项目最初多以土木工程为主，劳务人员也以承建制的建筑工人和技术人员为主。1985年后，中东经济陷入低谷，致使建筑承包市场严重不景气，货币贬值造成的汇兑损失，成了承包公司的沉重负担，大都出现严重亏损，致使中国在埃及的建筑承包一度陷入困境。进入90年代，中国在埃及的土建工程逐步减少，石化和工业项目增多，维修和服务需求增加，中国公司在埃及投资市场取得了自建交以来的新突破，在中埃合资方面也取得了新突破。到1999年，中国在埃及的投资项目有17项，双方的协议集中在轮船服务、电扇生产、石油勘探、电视机生产、针织与成衣制造、农业合作、海上合作与旅游运输等方面，投资额为2915万美元。① 进入21世纪以来，中埃工程劳务合作从建筑承包工程扩展到技术含量高、难度大的项目上，以"产业园区"的模式进行整体性经营、合资与合作；同时，埃及对中国的投资也逐年增加，双方的合资与合作表现非常活跃。近年来，中埃工程承包合作领域在不断拓宽，合作规模在不断扩大。

据中国商务部统计，2017年中国企业在埃及新签承包工程合同33份，金额为16.05亿美元，完成了15.42亿美元。② 这些合同中，数额较大的包括华为技术有限公司承建埃及电信；中国建筑工程总公司承建埃及新首都建设项目；中国石油集团西部钻探工程有限公司承建埃及钻井项目等。

第三，中国埃及"产业园区"投资合作开展得如火如荼。40年的中国改革开放，奠定了中国企业"走出去"所必备的雄厚资金和先进技术，使得企业在投资国取得了良好的收益。其中"产业园区投资模式"成为中国企业拓展国际市场的重要手段和合作平台之一。以"苏伊士经贸合作区"为代表、为示范的中埃

---

① 《中国教练机享誉埃及》，《世界新闻报》2007年5月22日。
② 《2018对外投资合作国别（地区）指南：埃及》，2018年12月，商务部网站，http://eg.mofcom.gov.cn/article/f/201905/20190502863301.shtml。

园区投资模式，不仅成为中国产业园区"走出去"的成功典型，也为埃及提高技术装备、开拓国际市场、增加就业带来了收益；同时，这种投资模式也成为中埃落实"一带一路"倡议的有效工具之一。

中国"一带一路"倡议正在与"埃及2030愿景"实现对接，中埃泰达苏伊士经贸合作区成为苏伊士运河经济区的重要产业区，中埃双方举行了埃及二号卫星项目启动仪式，中国企业促成埃及国家电网改造，并助力埃及实现多个"第一"，埃及生产出第一根玻璃纤维、第一块光伏太阳能电池板。中国的通信公司送信上岛，联通沙漠绿洲，为红海岸边的谷纳（GOUNA）岛、沙漠腹地的锡瓦（SIWA）绿洲和古老神秘的帝王谷接通了现代化通信网络。

中国埃及苏伊士经贸合作区位于红海北段的苏伊士湾西岸的沙漠地带，紧邻苏伊士运河，1998年埃及政府设立了苏伊士湾西北经济区，是中非基金投资的第一个海外经贸合作区项目，是由中方规划设立，中埃共建的合作区。2009年11月中埃两国总理为合作区揭牌，整个合作区规划面积10平方千米，第一期1.34平方千米的起步区已建成，并初步形成了石油装备制造、高低压电器制造、纺织服装、新型建材和农用机械制造五大产业园区。第二期6平方千米扩展区项目，埃及将该合作开发区纳入发展国家经济的"苏伊士运河经济走廊"规划,并于2014年9月签署了协议。建设中的扩展区是一个集加工制造、物流、商贸和综合配套服务为一体的工业化新城区,以吸引各国企业特别是中资企业集群发展。项目将分三期开发,预计开发建设总投资约2.3亿美元,建成后将吸引150—180家企业入驻,吸引投资20亿美元,创造就业机会4万个左右。①

中国埃及苏伊士经贸合作区,由中国天津泰达投资控股有限公司在埃及成立的埃及泰达投资公司负责开发建设,注册资本7000万美元,其中,埃方四家国有企业占股90%,天津开发区苏伊士国际合作有限公司占股10%。截至2019年年初,在1.34平方千米起步区和6平方千米的扩展区内,苏伊士经贸合作区共吸引企业近80家,包括银行、保险、物流、广告、设计等各类机构。实际投资额超10亿美元,销售额超10亿美元,上缴税收累计10亿埃镑。直接为当地提供就业岗位3500余个,产业带动就业约3万人。②

(4)不断深化的资金融通合作

第一,2016年习近平主席访埃后,两国金融合作蓬勃发展,极大缓解双边经贸合作中的融资障碍。除

---

① 刘凌林:《苏伊士经贸合作区中国产业园的海外样本》,《中国企业报》2015年11月23日。
② 周輖、曲翔宇:《打造红海之滨的"中埃合作之城"(共建一带一路)》,2019年2月19日,人民网。

本币互换与授信等合作外，人民币国际化在埃开始起步。中国国开行与埃及央行、埃及阿拉伯国际银行洽谈人民币专项贷款项目，并与阿拉伯国际银行签署首个对埃人民币专项贷款合同。此外，埃及商业银行的人民币业务也已陆续启动。

2016年12月，两国央行签署规模为180亿元人民币的双边本币互换协议。近两年来，国家开发银行、进出口银行、亚投行、工商银行、中信保公司通过各种形式为埃及提供贷款和授信的签约金额超过50亿美元。

第二，双方的相互投资不断提高。"一带一路"倡议实施以来，中国在埃及连年高额投资。中国对埃及的直接投资在2013年、2014年、2015年、2016年、2017年分别为2322万美元、1.6287亿美元、8081万美元、1.1983亿美元、9276万美元。2013年、2014年、2015年、2016年、2017年，中国对埃及投资累计额分别为5.1113亿美元，6.5711亿美元、6.6315亿美元、8.8891亿美元、8.3484亿美元。截止到2018年10月，在埃及参与投资的中国企业总数达到了1558个。投资领域集中在工业、建筑业、金融业、信息技术产业以及服务业。中石油、国家电网、埃及泰达公司、埃及发展服务公司、中埃钻井公司、华晨汽车公司、华为技术有限公司、中国港湾、巨石集团等都投入了大量的资金。目前，在中国驻埃及使馆经商参处备案并开展经贸活动的埃及中资企业机构共有140多家，其中在埃及合法注册设立境外企业的有80多家，其余为办事处或项目部等。据统计，目前，中国在埃投资额已近70亿美元。

（5）心心相印的民心相通工程

中埃同为世界文明古国，在文明交流互鉴上具有天然优势。中埃文化、教育、新闻、旅游等领域交流合作活跃，双方举办文化周、电影节、文物展、图片展等丰富多彩的活动，深受两国人民欢迎。

第一，文化领域合作不断推进。2015年8月，双方签署了《中埃两国文化部关于2016年互办文化年的谅解备忘录》。同时，许多中埃文学作品被译成了双方的语言，如中国作家鲁迅、茅盾、巴金等的作品被译成阿拉伯语；埃及诺贝尔文学奖得主纳吉布·马哈福兹的许多作品被译成汉语。此外，双方还互办文化周、文化年、电影节、各种古迹和文物展、艺术图画图片展等丰富多彩的活动。两国的作家、艺术家、民间团体的互访交流较为频繁，这些合作对语言人才的培养，加强两国文化的沟通起到重要作用。同时，"汉语热"在埃及蔚然成风，每年在孔子学院、孔子课堂及各汉语教学点接受汉语和中国文化培训的学员有近万人次，许多汉语专业毕业生从业于在埃中资企业。《金太郎的幸福生活》《媳妇的美好时代》《父母爱情》等中国电视剧的阿拉伯语版登上埃及荧屏,广受好评。

两国的新闻工作方面,也有进一步发展,中国在埃及设有新华分社,《人民日报》《光明日报》《经济日报》、中央电视台和中国国际广播电台等新闻机构派了驻埃记者。埃及也在华设立了新闻处,中东通讯社派了驻北京记者。

第二,教育科技领域的合作不断提升。2016年3月27日,中国和埃及在开罗签署了教育科技领域五份合作协议,它们是:《中华人民共和国教育部与阿拉伯埃及共和国高等教育与科学研究部关于合作设立中埃交流专项奖学金项目谅解备忘录》《中华人民共和国教育部与阿拉伯埃及共和国高等教育与科学研究部高等教育合作谅解备忘录》《中国教科文组织全委会与埃及国家教科文组织全委会合作谅解备忘录》《中华人民共和国科学技术部与阿拉伯埃及共和国高等教育与科学研究部关于科学园合作的谅解备忘录》和《中华人民共和国科学技术部与阿拉伯埃及共和国高等教育与科学研究部关于建立科技合作联合资助计划的谅解备忘录》。[①] 2017年9月6日,科技部副部长黄卫在宁夏银川会见了前来参加"2017中国—阿拉伯国家技术转移暨创新合作大会"的埃及高等教育和科学研究部副部长、科研技术院长穆罕默德·萨克一行,双方

---

① 《中国与埃及的教育合作》,2016年3月28日,人民网。

就推进中埃科技合作深入交换意见并达成多项共识。

第三，旅游合作不断进步。埃及和中国都是旅游资源十分丰富的国家，许多自然风光和历史遗迹都举世闻名。旅游业是埃及的支柱产业之一，是外汇收入的第一大来源，旅游业收入约占埃及国民生产总值的11%，约400万人直接或间接从事旅游业。

2002年中埃两国签署中国公民组团赴埃及旅游实施方案的谅解备忘录以来，中国赴埃及游客数量增长较快。2005年，埃及航空公司恢复开罗—北京直航，2007年开通开罗—广州直航。据统计，赴埃及旅游的中国游客人数由2005年的3.7万迅速增至2006年的5.2万，到2007年则达到8万以上。随着中埃全面战略伙伴关系的确立，中埃之间旅游人数逐年增加，据埃及旅游促进局长萨米·马哈茂德介绍说，中国到埃及游客数2015年达到12万人，入住旅店总天数达63.7万天，分别比2014年提升87%和62%。2017年，中国赴埃游客人数创新高，超过30万人次，2018年赴埃中国公民已高达50万人。与此同时，越来越多的埃及人来华学习中文和中国文化，2016年以来，中国为2000余名埃及政府官员和技术人员提供培训，为19名埃及学者提供了援外学历学位教育项目奖学金，还加快设立为埃及青年提供职业技能培训的"鲁班工坊"，这都增进了两国人民间的相互了解和友好情谊。

2016年6月，宁夏西夏陵景区与埃及金字塔景区签订友好兄弟景区备忘录、宁夏三家旅行社与埃及当地旅行社签订客源互送协议。目前，埃及急切盼望开拓中国市场，现在埃及规模较大的旅行社一般都配备中文导游，中国也在推动便利埃及和阿拉伯国家游客来华的措施。迪拜至银川的国际航班现已开通，宁夏旅游（中东）营销中心也已在迪拜成立。此外，为方便中东游客，宁夏对星级饭店进行配套服务设施改造，并对一线工作人员进行阿拉伯语培训。

第四，"2016中阿博览会走进埃及"。活动于5月30日至6月1日在埃及开罗举办，这是中埃建交60周年，中国与埃及"互办文化年"活动之一；是中阿博览会首次走出国门，尝试"单年在宁夏举办，双年在阿拉伯国家举办"的办会机制；也是对接2017年中阿博览会"主宾国"系列活动，2017年埃及担任中阿博览会主宾国。

中阿博览会是由商务部、中国贸促会、宁夏回族自治区人民政府共同主办的国家级、国际性综合博览会，其前身是中阿经贸论坛。中阿博览会在国际、国内产生深远影响，成为中国和阿拉伯国家开展高层对话、政策沟通、经贸合作、人文交流的重要平台，在中阿共建"一带一路"中发挥了重要机制作用，取得了显著成果。

2016年中阿博览会由宁夏回族自治区人民政府、埃及贸工部共同主办，埃及卫生部、文化部、旅游部作为分项活动主办方。举办了走进埃及综合展、中国（宁夏）埃及投资贸易洽谈会、"美丽中国·神奇宁夏"（埃及）旅游推介会、"丝路梦·回乡情"文化演出、走进埃及医疗绿色健康行5项活动。

第五，友好城市建设生机勃勃。在中国特色大国外交的实施中，城市外交是颇具特色的外交实践。中埃两国已结成友好省市17对，如阿斯旺与重庆、苏伊士与天津、伊斯梅利亚与苏州、法尤姆与宁夏等。地方合作成果丰硕，许多很好很实际的项目已在埃落地，蕴藏着巨大合作潜力。城市外交不仅关涉国家和政府，而且需要社会和普通民众的参与，因此不仅有助于政府之间的和平交往，而且有利于增进两国人民之间的相互了解。

随着双方国家领导人联系加深，双方间企业家交往与贸易往来频繁，民间交往与旅游火热，为深入拉动双方的投资合作与相互关系，中国与埃及共建"一带一路"的努力得益于两国互有所需的物质结构，以及战略合作伙伴关系的角色认知。双方的共建努力促进了两国的经济发展，推动了两国的改革进程，密切了两国的友好联系。

四 新时代中埃建设全面战略关系的途径和建议

2014年年底,中国和埃及确立全面战略伙伴关系,推进双方的互利合作。2016年年初,双方签署关于加强两国全面战略伙伴关系的五年实施纲要,进一步充实和完善提升双方全面战略伙伴关系的举措。在习近平主席和塞西总统共同指引下,中埃关系的历史性、全面性、战略性、示范性、引领性更加突出,两国各领域合作也步入提速发展时期。进入新时代,需要推动中埃关系进一步向全方位、多层次、立体化方向发展,以新发展观推进中埃两国的国家能力建设和以新安全观推进两国安全环境建设,这是夯实双方建设全面战略伙伴关系的最重要途径。

(一) 以新发展观推进中埃国家能力建设

如何解决发展难题是埃及面临的挑战,通过工业化解决增长动力问题,通过发展解决贫困问题。在这方面，中国和埃及已经达成共识。

1. 中埃两国的新发展观及其汇聚

发展一直是人类社会的基本问题之一，尤其是进入现代社会之后，发展更是演变为具有某种"信条"意蕴的词汇。传统发展观因过分迷恋单纯的经济增长而造成诸多问题，强调增长、平等、正义、平衡等理念的新发展观越来越受到重视。第二次世界大战结束后，美国总统杜鲁门提出的"第四点计划"以及著名现代化问题专家罗斯托的《经济增长阶段》为第三世界的广大国家寻求发展提供了"强心剂"。然而，随着时间的推移，人们越来越多地发现传统发展观念所内含的缺陷和局限，即经济很难无限增长来惠及全球。从20世纪60年代开始，学者们开始反思传统发展观的问题，并形成了诸多新发展思想："依附论学派""独立自主发展理念"《哈马舍尔德报告》"可持续发展思想""后发展哲学"等。总的来看，这些新发展观的核心理念是：虽然无限增长不可能，但是改善人类的生活质量和社会正义值得追求。人们应当从综合视角看待发展问题，适度利用资源、保护环境、去除不平等发展的根源、共享发展成果等。[①] 越来越多的第三世界

---

① [瑞士] 贝尔吉·李斯特：《发展史：从西方的起源到全球的信仰（第四次修订增补版）》，陆象淦译，社会科学文献出版社2017年版，第410页。

国家接受并奉行新发展观，中国和埃及就是其中的代表。

从20世纪90年代开始，中国政府便积极实行新发展观指导下的可持续发展战略。习近平主席执政以来，进一步强调要奉行新发展观。第一，协调发展的理念。基于联系的普遍性原则，习近平主席指出，发展需要协调城乡、区域、经济与社会、人与自然、国内与国外多组关系。运用协调的手段，解决发展的不平衡和不充分问题。第二，绿色发展的理念。改革开放以来，中国很长一段时间被迫走着"先污染后治理"的路子，它的副作用严重伤害了人民群众的切身利益。习近平主席执政以来，多次指出"绿水青山就是金山银山"，强调发展经济的同时，必须注意保护环境。第三，开放发展的理念。近代以来，全球化进程显著加快，世界各国你中有我，我中有你，没有一个国家能够封闭自我来实现发展。习近平主席指出，各国经济，相通则共进，相闭则各退。世界各国应当开放包容、互学互鉴、互利共赢，最终实现共同发展。第四，共享发展的理念。中国的改革开放强调"效率优先，兼顾公平"，以及"先富带动后富"等理念。随着改革开放的深入，尤其是习近平主席执政以来，强调社会公平公正，以及全民共享发展成果，高度重视减贫问题，提出了"一个都不能落下"的口号。①

塞西政府在总结穆巴拉克时代和穆尔西政府倒台的经验教训基础上，吸收借鉴全球新的发展思想和理念，提出埃及要奉行新发展观。第一，将包容性发展和可持续发展写入宪法，并成为埃及发展的总战略目标。埃及2014年宪法作出了实现可持续发展的承诺，埃及宪法与可持续发展的理念、原则和目标高度一致，并以全民公投的形式得以通过。与之前的宪法相比，新宪法在公民获得教育、卫生、保护和发展的权利方面具有显著改善，它包含加强治理、平等和社会公正的条款。② 埃及将可持续发展作为国家目标提出，对各级政府部门都具有约束力，并能够最大限度地动员国家资源，实践可持续发展战略。第二，埃及政府通过了一份指导性文件——《可持续发展战略：埃及2030愿景》，为埃及可持续发展提供路线图。这份2016年起开始施行的战略文件遵循可持续发展的总原则，以社会公平正义、经济部门平衡、地域代际平等为理念，积极推动经济领域、社会领域和环境领域的可持续发展，最终目的是改善埃及民众的生活质量和

---

① 叶子鹏、熊若愚：《习近平发展哲学思想初探》，《重庆社会科学》2017年第11期。

② "Egypt's Constitution of 2014", 17 January, 2018, https://www.constituteproject.org/constitution/Egypt_2014.pdf.

福利，提升埃及的国际地位。① 该文件的施行意味着埃及开始通过实行可持续发展战略来实现国家发展的美好愿景。

显然，中国和埃及实现了新发展观的理念汇聚。两国政府不仅都将发展作为优先议题，而且都提出了契合本国国情的可持续发展战略，这种理念汇聚为两国建设全面战略伙伴关系提供了重要的观念动力。

2. 新发展观的汇聚对中埃建设全面战略伙伴关系的意义

第一，发展能促进中埃两国的政治稳定，而政治稳定是有效推进中埃全面战略伙伴关系的基础。人们越来越意识到，国家之间的合作有赖于各国相对稳定的大环境，而国家稳定离不开发展。当代中国政府的合法性根基在于革命传统、发展绩效和法理支撑，而发展绩效是改革开放之后中国政治稳定的重要原因。② 中国持续的经济增长能够惠及更广大的普通民众，促使民众愿意支持政权，从而实现政治稳定。中国共产党的十九大报告指出，"我国社会主要矛盾已经转化为

---

① "Sustainable Development Strategy：Egypt Vision 2030"，17 May，2016，http：//sdsegypt2030.com/category/reports-en/？lang=en.
② 杨宏星、赵鼎新：《绩效合法性与中国经济奇迹》，《学海》2013年第3期。

人民日益增长的美好生活需要和不平衡不充分的发展之间的矛盾"。因此，以新发展观指导和加速发展仍然是中国政府的优先任务。

同时，埃及政府更是亟须以发展促稳定。2011年爆发的推翻穆巴拉克政权的埃及"一·二五革命"，深层原因恰是民众发展机会的不平等。塞西上台以来，影响埃及不稳定的发展因素依旧存在。《联合国2017年世界人口前景报告》估计，埃及大约2/3的人口年龄不足29岁。埃及人口增长迅速，2050年人口总量可能达到1.5亿。[①] 此外，埃及存在严重的教育不平等、性别不平等、就业不平等和医疗不平等等诸多社会问题。最后，埃及面临水资源短缺、能源需求增加、气候变化和环境污染等挑战。显然，这些问题都需要通过国家发展来解决。

第二，中埃两国都面临国家治理能力和治理体系现代化的问题，新发展观是推动中埃国家能力建设的重要途径。国家具有多种职能，就国内职能而言，国家是一组制定和执行相关政策的政治机构构成的实体，这些机构包括军队、警察、税务和行政部门、法院和福利机构等。就国际职能来说，国家是一个控制领土

---

① AFET, "A stable Egypt for a stable region: Socio-economic challenges and prospects", January 2018, http://www.europarl.europa.eu/RegData/etudes/STUD/2018/603858/EXPO_STU(2018)603858_EN.pdf.

的主权实体，负责开展国际关系活动。① 国家能力与政府的制度建设密切相关，涉及一系列国家活动，主要包括保卫国家领土、制定和执行规则、征收税赋、管理经济等。② 中埃两国都面临着治理能力和治理体系现代化的问题，建设强大国家、法制和负责任政府是两国国家治理现代化的内在目标。③ 在国家能力建设中，提高政府制度的运行效率和效力是重中之重。新发展观要求一国的发展要节约资源、避免浪费；独立自主、开放包容；积累增长、公平正义，这些要求不仅能正向推动国家的发展和社会的进步，而且会反向倒逼政府部门加强改革和提高制度能力建设。因此，对于中国和埃及来讲，采取包容性和可持续性的发展理念和措施，对于推动两国的国家能力建设具有重大意义。

第三，中埃两国在发展中存在着优势互补，这为中埃建设全面战略伙伴关系提供了有利条件。埃及与

---

① ［英］克里斯多夫·皮尔逊：《论现代国家（第三版）》，刘国兵译，中国社会科学出版社2017年版，第13—39页。

② Melani Cammett et., *A Political Economy of the Middle East (Fourth Edition)*, Boulder: Westview Press, 2015, pp. 13–14.

③ 关于埃及国家治理能力和体系问题的分析可参见陈万里等《二战后中东伊斯兰国家发展道路案例研究》，宁夏人民出版社2015年版，第194—281页；哈全安《中东国家的现代化历程》，人民出版社2006年版，第144—248页；中国治理能力和体系问题的分析可参见俞可平编《中国如何治理：通向国家治理现代化的中国之路》，外文出版社2018年版。

许多中东、非洲国家一样，一直在积极寻求中国投资，将其视为常常附加严格条件的西方投资的替代方案。中国的资本对埃及的经济增长和创造就业至关重要，因为埃及数百万失业人口对政权的稳定构成严重威胁。埃及认为，国内诸多领域需要中国的投资，中埃两国在经贸、能源、电力、矿产、旅游、港口、运输物流、航空航天、科学技术等领域有着巨大的合作潜力。因此，埃及积极与中国发展全面战略伙伴关系。

中国政府将加强与埃及的经济联系视为国内经济发展和扩展全球商业网络的重要部分。鉴于埃及的地区影响力和枢纽性的地理位置，埃及为中国在非洲和欧洲的经济活动提供了便利。埃及与多数非洲国家存在贸易协定和免税优惠，这为中国企业和投资者通过埃及向非洲市场发展提供了优势。此外，埃及也接近欧洲市场，并且与欧盟签署了自由贸易协定，而中国是欧盟第二大贸易伙伴，欧盟是中国商品重要的出口目的地之一。[①] 因此，中国在埃及的投资，可以提供一个向非洲和欧洲出口商品和产品的跳板。

3. 以新发展观推动中埃建设全面战略伙伴关系

第一，中埃合作聚焦民生领域，使发展的成果真

---

① 杨光：《埃及的人口、失业和工业化》，《西亚非洲》2015年第6期。

正惠及普通民众。埃及总统塞西上台之后，积极推进大项目建设。2016 年，埃及政府公布了 12 项国家大项目：瑞莫丹市发展项目（Development Projects in 10th of Ramadan City）、北埃及和尼罗河三角洲发展项目（Several Development Projects in Northern Egypt and Nile Delta）、亚历山大北部的西三角洲天然气开采项目（Northern Alexandria West Delta Fields for Natural Gas Production Project）、新开罗项目（New Administrative Capital）、亚历山大盖特伊埃纳布区的"人民福祉项目"（"Bashayer El Khair 1" Project in Alexandria's Gheit El Enab district）、核项目（Nuclear project）、贾巴拉公路/城市项目（Launch of Project Jabal Al-Jalalah Road & City）、150 万费丹土地项目（1.5 Million Feddan Project）、西北海岸发展项目（Northwestern Coast Development Project）、新苏伊士运河项目（The New Suez Canal）、埃及—俄罗斯核协议（Egyptian-Russian Nuclear Agreement）、苏伊士运河走廊开发项目（Suez Canal Corridor Development Project）。[①] 这些项目虽然耗资巨大、完成时间长、资金回笼慢，但是不仅能够大量吸纳埃及的剩余劳动力来解决就业问题，而且有助于普通民众提高生活质量。

---

① "The Mega National Projects…A Locomotive of Development", http://www.sis.gov.eg/section/337/4683? lang = en – us.

中国政府鼓励并支持有资质的中国公司参与埃及的大型项目建设，推动埃及的发展。2014年12月，埃及政府与中国签署了初步协议，中国港口工程有限责任公司（CHEC）将在埃及修建一条长达900千米的高速铁路，连接地中海城市亚历山大和南部的阿斯旺市，此高铁时速将高达350千米/时。此外，2016年1月，埃及与中国铁建（CRCC）签署了谅解备忘录，负责修建开罗的第六条地铁线。这条长达30千米的地铁线将从开罗南部延伸到盖卢比尤省（Al Qalyubia）的赫索斯（Al Khosous），共设24个车站，预计日客流量为150万人。2016年，中国建筑工程总公司与埃及官方签署了谅解备忘录，参与新首都行政区的第一阶段建设。埃及新首都面积预计为490平方千米，包括110万套住房，容纳500万民众，还有数万条公路和一个新机场。[1]

基础设施建设是必要的，国家发展经济一定需要有相应的基础设施。事实上，没有国家能比中国更能体会基础设施对经济发展的重要性了。长期以来，西方国家往往没考虑好如何利用基础设施引发其他经济活动，即有了基础设施应该拿来做什么。仅仅有基础设施建设不仅不可持续，很难获利，而且民众也没有

---

[1] Mordechai Chaziza, "Comprehensive Strategic Partnership: A New Stage in China-Egypt Relations", *Middle East Review of International Affairs*, Vol. 20, No. 3, Winter 2016, p. 45.

获得好处。对民众而言，大规模基础设施需要与民生经济结合。中国不一样，中国自身的基础设施与制造业和工业化结合，并且是经济发展的重要推动力。再加上基础设施建设往往耗时费钱，美国华尔街资本和国际机构对这方面并不感兴趣。因此，埃及的基础设施建设往往有中国的影子。

在埃及推进基础设施建设中，有两点需要注意：其一，把"一带一路"基础设施建设和民生经济结合起来，考虑"一带一路"项目如何带动当地其他经济活动。没有其他经济活动的话，"一带一路"项目本身就会不可持续、很难盈利，民众也无法获益，最后就容易变成烂尾工程。其二，加强发展战略的对接。发展战略对接是战略伙伴关系的实质性体现。多年来，中国的成功发展已经使阿拉伯国家普遍重视和希望借鉴中国的成功经验。阿拉伯国家纷纷推出的发展战略规划，正成为中国推进中阿务实合作的有力抓手和契合点。

第二，中埃合作重视能源领域，尤其是绿色能源项目的发展。埃及的能源需求高度依赖石化产品，目前的能源结构中，能源消耗88%来自石油和天然气，其余来自可再生能源，水能、风能和太阳能分别为9%、2%和1%。[①] 随着人口的快速增长，埃及对能源

---

① "Egypt-APES Nations Project", 19 May 2016, https：//egyptng-word. wordpress. com/.

的需求也在不断增加，由于石化能源的不可再生性及其高污染特征，埃及政府致力于发展可再生能源和清洁能源。

中国能源企业积极与埃及方面合作，推动埃及的清洁能源发展项目。2015年5月，中国核工业总公司（CNNC）和埃及核电厂管理局（NPPA）签署了一份谅解备忘录，双方将寻求核电领域的合作。这不仅标志着埃及发展民用核能进入新阶段，而且是中国核电企业开辟的第二个海外市场，意味着中国核电技术"走出去"进展良好。此外，中国公司也在埃及积极拓展太阳能市场。2015年，全球最大的太阳能和光伏电池板制造商之一的中国英利太阳能公司与埃及的电力和能源部签署谅解备忘录，双方将合作建立太阳能工厂，设立了未来三年生产50吉瓦太阳能光伏总容量的目标。[①] 中埃之间在新能源领域的合作，有助于埃及实现绿色发展。

埃及南方沙漠地带日照充足，如阿斯旺省的全年日照可达3000多小时，这为大力发展太阳能光伏产业提供了基本条件。阿斯旺省的本班光伏产业园是埃及首个"太阳能村"，埃及计划在2020年实现清洁能源

---

① "Yingli Will Build 500MW Solar PV Project in Egypt", February 10, 2015, http://en.ofweek.com/news/Yingli-will-build-500MW-solar-PV-project-in-Egypt-25326.

占能源消耗20%的目标，预计总负荷达2000兆瓦的本班光伏产业园将是重要助力，它不仅将助力埃及能源供应，而且能保护环境和减少废气排放。在园区，中国人员、中国企业、中国技术和中国设备都发挥着重要作用。两家中企浙江正泰和特变电工新疆新能源股份有限公司分别承建165.5兆瓦和186兆瓦两个项目，并且园区内50%的设备和组件来自中国。值得一提的是，本班产业园对解决当地就业做出了巨大贡献，高峰时期，现场有3000多名埃及本地员工。[①] 中国企业不仅为当地员工提供较高的工资，而且向他们传授先进技术。这不仅有利于他们自身的职业发展，而且能促进埃及整体的光伏产业发展。

第三，中埃合作是"一带一路"倡议和人类命运共同体理念的重要实践和样板工程。中埃合作符合互利共赢的新发展观，对于中国的发展也具有积极的意义。一方面，埃及为中国企业提供巨大的投资和商品市场，有利于中企的市场拓展和转型升级。很多中国企业将埃及视为一个利润潜力巨大的国家，它们积极参与埃及电力、石油、天然气、核能、铁路、公路、港口、矿业、建筑材料、化学和光学工业、纺织、电器等领域的投资。另一方面，埃及是中国推进"一带

---

① 周輖：《中国技术助力埃及建设"太阳能村"》，《人民日报》2019年6月4日第17版。

一路"倡议的重要合作伙伴。① "一带一路"倡议目前是中国最为重要的对外活动,它试图通过政策沟通、设施联通、贸易畅通、资金融通、民心相通连接中国、亚洲、欧洲、非洲,这对于中国的国家利益和亚欧大陆的发展十分重要。考虑到埃及重要的地缘位置、开放的经济政策、大量的廉价劳动力,中国可以通过加强与埃及的合作推进"一带一路"倡议。例如,中国依赖苏伊士运河连通印度洋和地中海,因此,支持埃及的苏伊士运河开发,有利于中国的"一带一路"建设。最后,中埃合作是中国国际关系新理念的重要实践。中国在与埃及的合作中,倡导共商、共建、共享的包容性发展原则,不仅能够使埃及摆脱长期以来的依附型发展,而且对于中国提出的构建国际政治经济新秩序具有重要意义。此外,拥有上亿人口的埃及以及13亿多人口的中国实现合作发展、共同发展、可持续发展,对于构建人类命运共同体将具有重要的启示意义。

(二)以新安全观推进中埃安全环境建设

如何维护稳定的发展环境是实现发展的关键所在。在这方面,中埃的交流和共识是:反对恐怖主义,反

---

① 戴晓琦:《埃及:"一带一路"的中东支点》,《大庆师范学院学报》2016年第2期。

对极端主义，反对强权政治，主张政治解决争端，在热点问题上发挥关键作用。

在继承中国尚和传统，顺应全球和平大势的背景下，在吸收世界先进安全经验和理念的基础上，《中国的军事战略白皮书》指出，中国军队坚持共同安全、综合安全、合作安全、可持续安全的安全观。[①] 这种新安全观对于中埃有效运用和平和威慑手段，加强两国在传统安全和非传统安全领域的合作，推进中埃安全环境建设意义重大。

1. 传统安全领域的合作

中埃两国在传统安全领域具有长期的合作往来。当前，双方的传统安全合作集中体现在军事领域，包括军方高层互访、军校交流、装备技术合作和联合训练等。[②]

众所周知，第二次世界大战结束以来，中东是世界上暴力冲突最频繁的地区。中东地区安全形势大体上经历了三个阶段，埃及一直深受其害，虽然不同时期所受影响的程度不同。第一个阶段是1980年之前，

---

① 《中国的军事战略白皮书》，2015年5月26日，国防部网站，http：//www. mod. gov. cn/regulatory/2015 - 05/26/content_ 4617812_ 7. htm。

② 《中华人民共和国和阿拉伯埃及共和国关于加强两国全面战略伙伴关系的五年实施纲要》，2016年1月22日，外交部网站，http：//www. fmprc. gov. cn/web/gjhdq_ 676201/gj_ 676203/fz_ 677316/1206_ 677342/1207_ 677354/t1333937. shtml。

阿以冲突是中东传统安全问题的主旋律。阿拉伯民族主义的广泛影响，以及阿拉伯民族主义与犹太民族主义的对抗是中东意识形态问题的主轴。[①] 以色列、巴勒斯坦以及与以色列对抗的阿拉伯前线国家——埃及、叙利亚、约旦、伊拉克等是中东地区的主要"政治玩家"，埃及参加的四次中东战争就是这种对抗的集中体现。第二个阶段是1980—2010年，中东传统安全问题更加复杂，斗争的焦点转向海湾地区，爆发了1980—1988年的两伊战争，1991年的海湾战争，2003年的伊拉克战争，以及伊朗核危机等。这一时期，虽然埃及并未直接参加战争，但是埃及在《戴维营协议》签署之后所面临的空前孤立，以及埃及与以色列的"冷和平状态"，依然让埃及深感不安。第三个阶段是2010年年底西亚北非政治动荡以来，中东传统安全问题出现新的动向。那场始于民众抗议的剧变不仅未能促使中东地区走向和平、稳定、发展和繁荣，而且致使更加严重的地区不稳定和冲突，族群和教派身份严重政治化，地区敌对和对抗加剧，外部势力趁机干预，这些因素导致一些国家分崩离析，深陷内战。进而，中东地区传统安全问题呈现出范围广、时间长、种类

---

① Tareq Y. Ismael, Glenn E. Perry (eds.), *The International Relations of the Contemporary Middle East: Subordination and Beyond*, Oxon: Routledge, 2014, p. 3.

多样等特点。① 利比亚内战、叙利亚内战和也门内战均对埃及有所波及，并且激化了埃及国内的暴力极端活动。埃及作为中东地区的重要国家，必须重视战争、武装冲突、威慑、强制外交等传统安全问题。

事实上，埃及与中国的军售合作就是在这样的大背景下展开的。早在毛泽东时期，中国就向埃及无偿提供过武器和装备，那种军事援助主要是出于政治考量，即支持埃及的民族解放运动。1979年开始，中国与中东地区的军事合作不断加强。1979年5月，中埃签订1.67亿美元的军售合同，中国向埃及出口歼击机50架，发动机248台，这是中国第一次对外出售武器。② 20世纪80年代之后，埃及还从中国进口护卫舰、潜艇、飞机等装备。值得注意的是，埃及也向中国出口武器装备，埃及在1978年向中国出口16架米格战机和10枚反舰导弹，这对于中国的军工产业发展发挥了重要的推动作用。

当前，中埃两国的军事合作除了基于埃及方面的安全诉求之外，中国的战略诉求也越来越强烈。中国在中东的利益逐渐增大，中国试图通过加强与埃及等国家的关系，维护在中东利益。中国在中东的利益包

---

① William Mark Habeeb, *The Middle East in Turmoil: Conflict, Revolution, and Change*, Santa Barbara: Greenwood, 2012, pp. X-XIII.
② 肖宪:《当代中国—中东关系》，中国书籍出版社2018年版，第191—192页。

括主权利益，即涉台、涉疆、涉藏等重大核心利益；安全利益，即维护中国西部边疆的安全和在中东的海外利益安全；发展利益，即通过与中东的贸易和投资往来促进中国的经济发展。在中东地区体系中，埃及是关键国家，中国希望借助发展与埃及的外交关系加强在整个中东地区的影响力。在中东地区，埃及就是一个重要的楔石国家，它能将地区的国家体系和边界秩序固定起来。因此，中国极为重视埃及的安全，因为这牵涉中国在整个中东的利益。当前，埃及对中国的导弹、雷达、战机等装备仍有浓厚兴趣。值得注意的是，中埃两国的联合军演标志着双方的军事交流进一步深化。2015年9月，中国海军与埃及海军在地中海举行首次联合演练，演练科目为编队运动和航行补给占位，[①] 此次演习对于中埃海军加强彼此了解和进行海上合作具有重大意义。2019年3月，中国国防部长魏凤和访问埃及，并与塞西总统会谈。双方希望两国进一步加强防务领域合作，在反恐、联演联训、军兵种建设以及国防工业领域开展更多务实合作。

2. 非传统安全领域的合作

中埃两国加强在非传统安全领域的合作，尤其是

[①] 《中国海军与埃及海军首次联合演练现场见闻》，2015年9月7日，新华网，http：//www.xinhuanet.com/mil/2015-09/07/c_ 111648 48 08.htm。

在反恐方面。当前，中埃两国都面临着恐怖主义的威胁，由于当前恐怖主义的全球联动性，中国与埃及积极合作，共同打击恐怖主义活动。20世纪90年代以来，中国持续面临恐怖主义、分裂主义和极端主义三股势力的困扰。进入21世纪，随着"9·11事件"的爆发和美国全球反恐战争的开展，以及"伊斯兰国"组织在2014年的异军突起，中国面临的恐怖主义威胁进一步加大。"伊斯兰国"组织虽然溃败，但其成员四处流窜，致使恐怖主义对中国的挑战更加不容忽视。①

穆尔西总统被罢黜之后，埃及政府对穆斯林兄弟会进行严酷镇压，虽然摧毁了该运动的表层组织结构，但也导致该组织分裂为多个竞争性的派别。这些派别存在着明显的分歧，尤其是在关于使用暴力的问题上，出现了两个不同的阵营：一个阵营倡导继续使用和平方式与政府作斗争；另一个阵营则认为民主与和平方式难以发挥作用，只能通过发动针对政府和人民的恐怖主义活动迫使政府让步。② 此外，穆兄会组织内部的代际鸿沟明显增大。组织中的一些青年对2011年以来的埃及政治转型幻想破灭，特别是在塞西政府对组织

---

① 朱泉钢：《"伊斯兰国"组织的全球野心及其对中国的影响》，《国际关系研究》2015年第6期。

② Shadi Hamid, "Sisi's Regime is a Gift to the Islamic State", August 7, 2015, https://www.brookings.edu/blog/markaz/2015/08/07/sisis-regime-is-a-gift-to-the-islamic-state/.

的严厉打击之后，他们将暴力视为实现组织目标，反对现政权的手段。与此同时，塞西总统上台以来，恰逢"伊斯兰国"组织在中东地区攻城略地，建立附属分支，这是埃及恐怖主义活动加剧的外部动力。

西奈半岛是埃及恐怖主义问题的重灾区，在西奈，与"伊斯兰国"组织有联系的安萨尔集团（Ansar Beit al-Maqdis Group）多次攻击埃及的安全力量。长期以来，西奈半岛一直是极端主义势力成长和活动的重要地区，部分原因是埃及政府长期忽视该地区的发展问题，以及这一地区复杂的地形不利于政府进行有效监管。此外，安全部门将在西奈半岛居住的贝都因人视为安全威胁的一部分，不时对其进行打击，这加剧了贝都因人对政府的不满情绪，导致他们愿意庇护极端主义分子，加大了政府的反恐难度。[①] 2017 年 11 月 24 日，"伊斯兰国"组织成员在埃及北西奈省阿里什市一清真寺发动严重恐怖袭击，造成 305 人死亡、128 人受伤。值得注意的是，埃及的恐怖主义袭击事件不仅发生在西奈，而且呈现出向全国各地蔓延的态势。一方面，恐怖组织利用暗杀、汽车炸弹袭击等手段制造恐怖气氛。例如，据称与穆兄会有联系的年轻人在 2015 年执行了暗杀埃及总检察长巴拉卡特（Hesham

---

① 王晋：《"伊斯兰国"组织西奈分支的演进及影响》，《阿拉伯世界研究》2017 年第 2 期。

Barakat)的行动。另一方面,2013年以来,恐怖分子多次对埃及科普特基督教团发动恐怖主义袭击。极端主义分子认为,科普特基督教团参加了2013年推翻穆尔西政府的联盟,因此他们要通过恐怖活动报复科普特人。例如,2018年11月2日,极端主义分子在明亚省袭击一辆公共汽车,造成7死14伤,死伤者皆为科普特人。

因此,随着暴力恐怖主义活动的日益升级,中埃两国都面临前所未有的安全挑战,两国应对恐怖主义威胁的合作行动也在增加。第一,中国认为埃及是中东北非,乃至全球反恐战争中的重要合作伙伴。埃及是该地区反恐战争的前线国家之一,因为它在西奈半岛与极端主义武装组织进行着艰苦的战斗,并在传统的逊尼派反恐阵营中发挥核心作用。与此同时,中国对极端主义所造成的威胁保持着强烈关注,并且试图将这种威胁控制在国门之外。因此,两国加强了关于恐怖主义活动的情报搜集与共享,逮捕和遣返对方国家的恐怖分子嫌疑人,切断恐怖主义资金来源等领域的合作。[①] 第二,中埃两国在倡导伊斯兰温和理念,对抗暴力极端思想方面存在广泛合作。埃及的爱资哈尔

---

① 《2017年7月20日外交部发言人陆慷主持例行记者会》,2017年7月20日,外交部网站,http://www.fmprc.gov.cn/web/wjdt_674879/fyrbt_674889/t1479037.shtml。

清真寺是当代伊斯兰教的重镇，其倡导的伊斯兰温和思想理念对于整个逊尼派穆斯林世界具有重要影响。塞西总统倡导伊斯兰教现代革命，反对极端思想。[①] 中国政府也一直倡导中正温和的伊斯兰思想，并致力于加强与伊斯兰世界的宗教交流，探索去极端化领域合作，以及共同遏制极端主义滋生蔓延，[②] 埃及就是重要的合作对象。

3. 地区安全事务上的立场协调

中埃两国在重要地区事务上具有相近立场，并进行协调。一是两国都强调主权国家在国际社会中的基本作用，埃及一直强调国与国之间的关系，而不是非国家行为体的作用，这跟中国的立场一致。二是中埃两国都不赞同外部力量借助人权等名义进行单边军事干涉的立场，而是强调地区和平构建的作用。在地区冲突中，两国都不赞成外部的军事干预，而是倾向于让冲突各方谈判解决冲突。如果谈判失败，两国更愿意接受地区组织（阿盟、非盟）或专业组织（国际原子能机构等）进行斡旋。如果这些组织仍然无法解决争端，两国倾向于将

---

① Kathleen Miles, "Egyptian President Sisi: Muslims Need to Reform Their Religious Discourse", January 22, 2015, www.huffngtonpost.com/2015/01/22/sisimuslims-adapt_ n_ 6508808. html.

② 《中国对阿拉伯国家政策文件》，2016 年 1 月 13 日，外交部网站，http://www.fmprc.gov.cn/web/zyxw/t1331327.shtml。

议题转向联合国安理会进行解决。①

这种共识主要基于以下两个基本认识：第一，中东地区安全问题具有不同于西方的特点。西方国家的安全概念具有两个显著特征：外部导向和体系安全。由于国家形成的历史进程与西方有别（第三世界国家是现代世界体系的后进者），以及精英招募和政权机构形式与西方不同（第三世界国家缺乏发达国家的内部共识程度），第三世界的安全往往是内部威胁显著（内外安全密切相关），以及内部威胁外部化。最终，外部影响，以及不稳定的内部因素，使得国家和政权极度不安全，这两种进程导致了不安全的恶性循环。因此，要想使得中东地区实现安全，最重要的是实现地区国家的安全，即降低国家的脆弱性。② 第二，西方国家在中东的安全政策是为了自身利益服务的。对于美国主导的西方阵营来讲，中东具有重要的战略意义，西方在中东的利益主要包括两个方面，一是维护西方在中东的安全利益，包括保证西方国家能够从中东地区安全、稳定和价格合理地获取石油资源，管控阿以

---

① Yitzhak Shichor, "Fundamentally Unacceptable yet Occasionally Unavoidable: China's Options on External Interference in the Middle East", *China Report*, Vol. 49, No. 1, 2013, p. 25.

② Mohammod Ayoob (eds.), *Regional Security in the Third World: Case Studies from Southeast Asia and the Middle East*, London: Routledge, 1986.

冲突，阻止地区霸权的产生，维持友好政权的生存；二是利用中东地区对敌对阵营进行军事防御，包括组建地区性的军事联盟、进行常规威慑和核威慑。显然，这种地区安全政策是为了保护西方的利益，而不是真正维护中东国家的安全。①

在叙利亚问题上，埃及试图保持叙利亚的国家完整，而不是某些地区国家和全球大国倡导的叙利亚"巴尔干化"。② 埃及坚决反对叙利亚的极端主义力量，希望巴沙尔政权能掌控叙利亚局势。这与中国一直强调的叙利亚领土完整和统一、在叙利亚打击极端主义力量的政策相一致。

在也门问题上，埃及虽然接受沙特大量的经济好处，并且是沙特领导的阿拉伯联军的正式组成部分，但并没有坚定支持沙特的也门政策。与埃及官方关系密切的《金字塔周刊》曾指出，开罗和利雅得在关于埃及向也门出动地面部队、沙特支持与也门穆兄会关系密切的伊斯拉党等问题上存在争议。塞西总统已经间接地表明了他倾向于政治解决也门问题的偏好，③ 这

---

① 王林聪：《中东安全问题及其治理》，《世界经济与政治》2017年第12期。

② Erin Cunningham, Liz Sly, and Karen DeYoung, "Turkish Forces enter Syria", *The Washington Post*, August 25, 2016.

③ David B. Ottaway, "Saudi Arabia's 'Terrorist' Allies in Yemen", August 2015, https://www.wilsoncenter.org/sites/default/fles/saudi_arabias_terrorist_allies_in_yemen.pdf.

与中国倡导的和平解决也门问题的立场接近。

在巴以问题上,埃及不仅积极斡旋巴勒斯坦与以色列的关系,而且调停巴勒斯坦内部各派系的矛盾。由于埃及与加沙地带接近,并且与巴勒斯坦具有历史的联系,而且是阿以问题的重要一方,因此,它能够在巴以问题上承担重要角色。2017年,埃及促成了法塔赫和哈马斯代表签署和解协议,并最终开放了拉法口岸,促使巴勒斯坦权力机构维护拉法口岸的安全。[①]中国也积极促成巴勒斯坦内部的和解,并且极力推动巴以和平进程。

(三) 中埃合作中面临的风险和应对方略

面对中东地区持续性动荡以及地区转型带来的严峻风险,中国和埃及需要细化合作方案,有针对性地共同携手应对和预防风险。

1. 埃及面临的政权稳定风险问题

中埃合作的推进有赖于两国稳定的国家环境,中国政治稳定,但埃及却面临着经济、社会、安全等诸

---

① Fares Akram, "Hamas Vows it Won't Disarm, Threatens West Bank Expansion", 27 November 2017, http://abcnews.go.com/International/wireStory/hamas-vows-disarm-threatens-west-bank-expansion-51403997.

多风险和挑战。

根据国际危机组织的评估，经济问题是未来数年埃及稳定面临的最大威胁。2011年埃及政治动荡之后，武装部队最高委员会和穆尔西政府的经济政策并不具备连贯性，塞西上台之后，进行了一些必要但艰难的改革。尽管如此，埃及依旧面临诸多经济挑战。自2011年以来，埃及吸引外资乏力，这严重限制了国家的经济增长。对政治动荡和安全状况的担忧，使得前往埃及的游客数量下降严重，从而破坏了埃及传统的旅游业收入。苏伊士运河扩建项目虽然雄心勃勃，但该项目对于国家经济增长的带动作用尚未达到政府预期。当前，埃及经济主要依赖于海湾国家的资金和能源援助，国际货币基金组织的贷款，以及国际债务市场的资金。然而，这种资金体系不可能长期维系埃及经济。

埃及经济问题可能诱发社会问题，进而造成政治失稳。塞西执政以来，积极执行削减补贴、增加财税、浮动汇率等改革，这带来的结果之一就是埃及普通民众的生活更加困难。埃镑浮动的政策虽然吸引了一些新的外国投资，促进了出口，但是埃镑贬值一半导致燃料、食品等基本生活用品价格激增，大大提高了民众的生活成本。2017年7月，埃及通货膨胀率上升至创纪录的34.2%，交通成本上涨36.7%，医疗卫生成本上涨24.0%，食品和饮料成本增加43.0%。① 此外，埃及贫富悬殊，并且持续增大。法国国际和战略事务研究所（IRIS）最近的一项研究指出，埃及目前的财富不平等问题严重，2014年，埃及最富裕的1%人口占有全国50%的财富，比2000年上升了1/3。② 最后，埃及面临严重的青年失业问题。由于公共部门裁员，以及私营部门吸纳就业能力有限，据国际劳工组织（ILO）称，埃及年轻人（15—24岁）的失业比例高达27.57%。③ 其中，大学毕业生的失业率甚至高于受教育程度较低的人群。

埃及面临严重的恐怖主义安全威胁问题，这对于埃及的稳定造成重大冲击。塞西总统执政以来，不仅寻求在军事上击败暴力极端主义组织，而且试图从思想上根除滋生恐怖主义的理念。然而，由于一系列国内外因素的作用，埃及仍然面临着恐怖主义和暴力叛乱。

在混乱失序的中东地区，埃及通常被认为是"稳

---

① "Annual Overall Inflation Breaks April Record Reaching 34.2% High in July", 10 August 2017, https：//www.madamasr.com/en/2017/08/10/news/u/annual-overall-inflation-breaks-april-record-reaching-34-2-high-in-july/.

② "Egypt 2020: The Impact of Military Consolidation on Long-Term Resilience", IRIS, May 2017, p.5.

③ ILO Statistics, "Egypt", http：//www.ilo.org/gateway/faces/home/ctryHome? locale = EN&countryCode = EGY&_ adf.ctrl-state = 19jvg45q9i_ 9.

定之岛"。然而,埃及当前存在着诸多不稳定因素,面临着严重的经济、社会和安全挑战。触发政权不稳定的潜在因素有很多,如经济不景气、社会极化、民众抗议、恐怖袭击,一旦这些因素形成聚合,埃及的稳定状况很可能被打破。

2. 中埃之间贸易不平衡性的问题

在现阶段,中埃双方经贸领域也面临一些挑战,埃及贸易赤字渐趋扩大的问题亟待解决。如前所述,中埃贸易自 20 世纪 90 年代中期以来发展势头强劲。1995 年两国贸易额为 4.53 亿美元,2000 年达到 9.07 亿美元,增长了 1 倍。2005 年双方贸易额将接近或突破 20 亿美元,又增长 1 倍,实现在 10 年(1995—2005 年)内翻了两番,2018 年更是增长为创纪录的 138.3 亿美元。但是,与中埃贸易总量不断增长相伴随的是,在最近十多年里,双方贸易差额却迅速扩大。埃及贸易逆差呈急剧扩大趋势,双边贸易不平衡问题日渐突出,应当引起人们足够的重视。其中,埃及对华贸易逆差从 1991 年的 1.23 亿美元增加到 2004 年的 12 亿美元,2015 年的时候达到峰值 110.5 亿美元。随后,双方的贸易逆差连年下降,但 2018 年又回升至 101.5 亿美元。对外贸易赤字一直是埃及经济发展中突出的问题之一,并不仅仅发生在中埃贸易中。针对这种状况，埃及政府强化了对进口产品的限制，严格监管从中国进口的纺织品及成衣产品。

中埃两国同属于世界贸易组织成员国，又建立了面向21世纪战略的合作关系。如何解决两国间贸易不平衡的问题，推动经贸关系向更高水平发展，这需要双方共同努力，深化合作，注重实效。两国需从经济发展的实际出发，共同减缓乃至解决这一问题。

3. 美国与埃及关系改进及其与中国竞争的风险

埃及共和国建立之后，与美国保持着紧密的联系。在纳赛尔时期，埃美关系以矛盾冲突为主，联系合作为辅。自萨达特时期开始，埃及与美国形成了盟友关系。[1] 西亚北非政治动荡以来，埃美关系问题不断，直到特朗普上台，美国试图重建与埃及的战略盟友关系。近年来，美国遏制中国的战略意图日益凸显，战略举措不断升级，埃美关系的升级可能会影响中埃之间的合作。

特朗普总统上台以来，试图改善奥巴马时期下降显著的美埃关系。美国主流的智库和官员认为，美国与埃及关系的提升有利于美国的国家利益。美国著名的埃及问题专家阿福坦迪里安（Gregory Aftandilian）

---

[1] 毕健康：《埃及现代化与政治稳定》，社会科学文献出版社2005年版，第406页。

认为，强大的埃及不仅能为美国的海湾盟友提供军事保护，而且能够缓解中东地区的教派冲突，这符合美国利益。① 特朗普认为，与那些被视为独裁的阿拉伯国家进行合作，在打击跨国恐怖主义、遏制伊朗、促进巴以和平谈判等议题上具有重要意义。特朗普政府不再迫使中东地区的盟友进行民主改革，他在2017年5月的演讲中表示："我们正在采用原则性的现实主义，植根于共享的价值观和共同的利益……我们将加强伙伴关系的稳定，而不是对其进行激进的破坏来促进安全。"②

特朗普政府和奥巴马政府之间的一个明显的区别是，美国与埃及高层对话的频率提高。2017年，特朗普总统和塞西总统互动频繁，两人三次会面，并有五次官方通话。双方会面达成的成果表明，埃及和美国关注一系列双边问题，包括埃及在促进巴勒斯坦和解中的作用，美国对埃及援助的延续，以及美国和埃及之间贸易和投资扩展的可能性等。2018年1月，特朗普请求国会通过2018财年对埃及的13.8亿美元的援

---

① Gregory Aftandilian, *Can Egypt Lead the Arab World Again? Assessing Opportunities and Challenges for U. S. Policy*, Strategic Studies Institute and U. S. Army War College Press, 2017, p. 35.

② "President Trump's Speech to the Arab Islamic American Summit", May 21, 2017, https：//china.usembassy-china.org.cn/president-trumps-speech-arab-islamic-american-summit–2017/.

助，其中13亿美元属于军事援助。

2017年年初，美国表示愿意恢复代号为"闪耀之星"的军事演习，该演习由美国与埃及共同主办，每两年举办一次，目的是加强美国与埃及军队的互通性，以及为美国中央司令部（CENTCOM）提供在中东的特训机会。2017年2月，美国中央司令部总司令沃特尔将军（Joseph L. Votel）表示："重启联合军演，并将其确立为两军军事关系的重要组成部分，是重要目标。"2017年9月，约200名美国士兵在埃及的纳吉布军事基地参加了"闪耀之星17"军演，美国和埃及军队使用美制军事装备，如F-16战机和M1A1坦克进行了模拟战斗。[①] 这是自2009年10月以来，美国首次参加"闪耀之星"的军演，因为2011年西亚北非政治动荡以来，该演习被取消。

美国公民在埃及被拘留，这是影响特朗普政府时期美埃关系的重大问题。2017年4月，埃及释放了被拘留的埃及裔美国援助工作者阿亚·希贾齐（Aya Hijazi），她和她的丈夫在未被审判的情况下被埃及政府拘留了近三年。她回到美国后，特朗普总统在白宫椭圆形办公室会见了她。特朗普随后称，埃及政府满足了他提出的释放希贾齐的请求。2018年1月20日，

---

① Jeremy M. Sharp, *Egypt: Background and U.S. Relations*, CRS, 2018, p.15.

美国副总统彭斯访问埃及并会见了塞西总统，双方讨论了包括被拘留的两名美国人状况在内的诸多双边关系问题。副总统称，"塞西总统向他保证，将会对两名美国人被拘留的案件予以认真关注"。

美国与埃及关系的进展，表明埃及可以更自由地选择与全球性大国合作。目前看来，埃及倾向于选择全方位外交，积极发展与美国、中国、俄罗斯、欧盟等全球性政治力量的关系，从而获取最大好处。如果中美关系出现重大倒退，很难期待埃及会冒着牺牲埃美关系的风险确保与中国的合作。

4. 中国对上述风险的应对策略

第一，关注影响埃及政局稳定的风险，支持并融入埃及的可持续发展和包容性增长战略。一是关注埃及的国内形势演变。充分了解埃及政策的倾向性，最大限度地利用埃及的政策红利。例如，埃及新《投资法》从"新承诺、新优惠、新制度"三个方面保障外国投资，[①] 中国政府和企业应当吃透这部投资法，充分利用投资政策。另一方面，由于埃及政府面临诸多挑战，其政局面临失稳风险。因此，中国企业应当及时

---

① 《埃及2017年〈投资法实施细则〉中文参考译文》，2017年12月20日，商务部网站，http://eg.mofcom.gov.cn/article/f/201712/20171202688129.shtml。

了解当地信息，完善投资保险机制。① 同时，中国政府可以支持埃及的公共行政改革和善治，并为此提供技术和资金支持。

二是兼顾与埃及大公司和中小企业的合作。中国应加强与埃及建立自由贸易区，使双边的投资和贸易潜力能够充分发挥，并通过建立合适的经济补偿机制，实现中埃贸易平衡。埃及的可持续发展战略非常重视中小企业和大型国家项目，例如苏伊士运河开发项目，以及大规模土地开垦项目等。鉴于中小企业发展对于包容性增长的重要性，中国可以在继续保持与埃及的国有企业和私营大公司合作的同时，加强与中小企业的合作，并且考虑这种合作对于社会发展的促进作用，尤其应关注青年和妇女等弱势群体在合作中的获益。

三是在巩固传统经济合作领域的基础上，重点提升在绿色经济部门中的合作。中国应继续与埃及加强水泥、钢铁、机械等领域的传统合作，推动埃及的工业化。同时，要重点在低污染、高技术含量、高附加值的领域加强合作，中国和埃及可以加强跨部门的合作研发、推进数字技术和服务。鉴于埃及宝贵和多样性的文化遗产，以及文化部门（与旅游业紧密相连）对于埃及经济、就业、外汇储备和社会发展的重大贡

---

① 武芳：《埃及新〈投资法〉对中国的影响分析及对策建议》，《海外投资与出口信贷》2018 年第 1 期。

献，应当加强与埃及的文化部门合作。

第二，积极应对中埃之间的贸易逆差问题，坚持权责对等、公平但有差别的原则促进中埃贸易平衡发展。一是加强顶层设计，促进经贸合作便利化。中埃两国政府应当在既有的中埃经济合作机制的基础上，创建更高层次的经济战略对接平台，加强双方在投资、贸易、金融等领域的观点交换和工作协调，可考虑由中方负责"一带一路"的国家机构和埃及的"中国事务小组"合作牵头。此外，中方应敦促埃及政府进一步推进贸易便利化和透明度改革，简化中国企业的货物贸易、服务贸易的流通程序。此外，中国应当考虑加强对埃及非金融类投资，从而促进埃及的工业化，力争从结构层面改善中埃两国的贸易不平衡问题。

二是优势互补，互利双赢，深化能源合作。近年来，中国已成为世界第一大石油消费国，并即将成为世界最大的天然气消费国，因此对石油天然气的需求呈现大幅增长趋势。中国经济的持续发展对进口能源的依赖将更加明显。埃及的石油和天然气有一定储量，尤其是近年发现的佐赫尔气田可能储藏着30亿立方米的天然气。目前埃及政府加大对该领域的投资，特别是吸引外资进入。中国有开发石油、天然气方面的技术、能力和资金。这正是双方深化能源合作的良好契机，应当采取新思路和新方法实现双方需求互补，互利共赢。

三是继续推动"走出去"战略以鼓励在埃投资,积极开展大型工程承包业务。埃及是一个严重依赖外援的国家,许多大型工程项目诸如电站、机场设施建设等亟须外资提供支持。埃及政府将扩大基础设施建设,建立和完善配套的吸引外资的硬件设施,从而为中国在埃及开展对外承包工程、争取大项目创造了机遇。随着中国综合国力的不断增强,中国企业对埃及的投资也逐渐扩大,2018年对埃投资更是有了大幅度的提高,深受埃方称赞。因此,应继续鼓励有实力的企业积极稳妥地开展各种形式的对埃投资与合作,积极推动埃及的整体经济发展水平的提升,从而有助于埃及改善对外贸易格局,促进贸易格局的多元化与合理化发展,进而推动两国关系向更高水平发展。

四是挖掘潜力,积极开拓和扩大中埃两国旅游市场。中埃两国都是历史悠久的世界文明古国,人文旅游资源丰富,具有发展旅游业得天独厚的条件。埃及以其7000年文明史享誉世界,作为连接东、西方之间的桥梁,自古以来各种文明就在这里交汇碰撞,交相辉映。历史上留下的那些闻名遐迩、独具特色的名胜古迹、人文景观,成为当今旅游业发展的支柱。2002年埃及成为中国公民的旅游目的地后,两国旅游交往实现重大飞跃。目前,两国之间旅游合作方兴未艾。

埃及在中国设立旅游事务处，加强中国赴埃及旅游，进一步扩展了两国旅游合作空间，提高中国在埃及旅游市场中的地位。2017 年，中国赴埃游客数量显著增长，超过 30 万人次，较 2016 年增长约一倍。[①] 可见，还有待进一步挖掘中埃两国旅游市场，推动两国旅游业的蓬勃发展。

第三，加强中埃在地区平台和全球平台上的沟通、协调与合作，加深两国的复合相互依赖，努力实现中埃命运共同体。一是在全球和地区组织平台加强与埃及的协调。埃及在联合国安理会和非盟安理会都具有重要影响，埃及还是阿拉伯联盟总部的所在国。中国应当加深和扩展与埃及在这些组织中的合作，并力争就一些重大问题达成基本共识。中国与埃及在地区组织框架内的合作对中东、非洲地区的稳定和繁荣意义重大，将有助于地区的冲突解决和和平建设，并能够更加有效地应对地区的政治、经济、安全挑战。

二是与埃及加强在全球可持续发展领域的合作。埃及在全球可持续发展领域表现积极，中国可以与之协调立场，并提供支持。埃及代表非洲大陆，参加了在巴黎举行的第 21 届联合国气候变化大会（COP

---

① 《2017 年中埃合作概况》，2018 年 1 月 23 日，商务部网站，http://eg.mofcom.gov.cn/article/zxhz/201801/20180102702850.shtml。

21）中的气候变化谈判。埃及总统塞西以气候变化国家元首委员会（CAHOSCC）协调员的身份，发起了两个非洲倡议：非洲新能源倡议和非洲适应倡议。埃及在2016年4月主办了第六届非洲环境部长会议特别会议，会议决定执行2030议程、可持续发展目标和非洲联盟2063议程。[①]

三是可以与埃及一道寻求第三方合作，并探索新的"中埃+"合作方式。埃及致力于加强与其现有国际合作伙伴的关系，包括加强与海湾国家的关系，改善与欧美俄的关系，扩大和深化与非洲国家的关系，并探索与亚洲伙伴的新关系，这些不仅有助于推动双边关系进步，而且能够提升埃及在国际舞台上的地位。中国应当考虑借助埃及与这些国家的良好关系，提升中国与这些国家的关系，探讨"中埃+"的合作模式。

第四，加强中国的战略塑造能力，处理好两组关系的平衡。一是中国进行对埃外交的过程中，应当平衡中埃关系和中美关系。这主要是基于两方面的原因：一是冷战后美国全球唯一超级大国的身份及其在中东地区的单极霸权冲动，以及美国与埃及的长期盟友关

---

① Ministry of International Cooperation, *Egypt National Review Report: For Input to the 2016 HLPF*, 2016, p. 9.

系，中国在对埃外交中不得不考虑美国因素;[①] 二是中国长期基本的外交布局，即"大国是关键、周边是首要、发展中国家是基础、多边是重要舞台"，作为"大国中的大国"，美国在中国整体的外交安排中作用巨大，这也反映在中国的对埃外交中。因此，中国应平衡中美埃三边关系，即将中埃关系置于中美关系的背景中处理，一方面积极发展与埃及的关系，制衡美国的霸权主义及其对中国的包围遏制，另一方面则在对埃外交中保持与美国的接触和沟通，加强彼此的协调。

二是中国进行对埃外交的过程中，应当平衡中埃关系和中国与其他地区国家的关系。中东、非洲地区利益格局极为复杂，中国应当努力避免"第三方风险陷阱"。中东和非洲存在着民族和部落问题、宗教和教派问题、边界领土争端、核扩散问题、恐怖主义问题、能源安全问题、金融安全问题、水资源安全问题、难民问题等，这些问题错综复杂、彼此勾连、相互牵扯。[②] 埃及与一些国家存在利益争端和安全冲突，这就意味着中国在与埃及发展良好关系的时候可能招致埃及敌对国家的疑虑，而中国试图与埃及敌对国家拓展

[①] 吴冰冰：《对中国中东战略的初步思考》，《外交评论》2012年第2期。

[②] 王林聪：《中东地区安全形势分析》，载杨光主编《中东发展报告No. 16（2013—2014）：盘点中东安全问题》，社会科学文献出版社2014年版，第1页。

联系的时候可能又引起埃及的不满。处理这种两难关系问题，既需要中国尊重中东、非洲地区的基本权力结构特征，在各方之间尽力保持平衡，又要求中国充分了解埃及与其他国家的利益关系，尽量避免因卷入不必要的利益纠纷而影响中国与埃及，以及中国与埃及敌对国家的关系。

结论　共建"一带一路"，推动中埃关系迈上新阶段

长期以来，中国与埃及保持着友好的双边关系。在西亚非洲地区，双方关系在很多领域具有开创性和示范性。2014年，双方将战略关系升级为全面战略伙伴关系，意味着中埃两国进入了关系发展的新阶段。新的历史时期，恰逢中国大力推进"一带一路"倡议，也是埃及的"2030愿景"战略的重要推进阶段，双方的战略对接对于各自的发展具有重要意义和价值，同时也将引领中埃关系迈上新台阶。

与此同时，也要看到中国同埃及共建"一带一路"中存在的障碍。在所有的障碍中，最主要的是埃及面临的安全威胁。1979年《戴维营协议》签署之后，埃及面临外部战争的风险显著下降。然而，近年来，埃及国内安全形势却不容乐观，这主要表现在恐怖主义威胁增强和政权安全面临挑战两方面。一方面，恐怖

主义成为影响埃及社会稳定和经济发展的一大障碍。在 2014 年 4 月，埃及的西奈半岛就被"伊斯兰国"宣布为其"西奈省"。2014 年 11 月，"伊斯兰国"首领巴格达迪公开接受利比亚恐怖组织的宣示效忠，之后他宣布在埃及的邻国利比亚建立三个"省"。虽然塞西政府在反恐问题上表现出强硬的立场，但是埃及所受的安全威胁并没有因此而消除。2017 年 11 月 24 日，"伊斯兰国"在埃及西奈半岛制造恐怖袭击，以当地一座苏菲派清真寺为目标，造成 300 余人死亡，100 余人受伤。另一方面，埃及依旧面临着民众抗议等影响政权稳定的问题。在西亚北非政治动荡中，埃及"一·二五革命"导致穆巴拉克政权的倒台，其深层次原因是民众的获得感不足。塞西执政以来，埃及的宏观经济状况持续好转，然而普通民众的生活状况仍未根本改善。2019 年 7 月底，埃及中央公众动员和统计局发布的报告指出，埃及贫困人口占国家总人口的 32.5%。2019 年第二季度，埃及 15—29 岁的青年失业率为 22%。2019 年 9 月底，埃及再次爆发大规模民众抗议，显示出政权依然面临着失稳的风险。

此外，埃及政府和大多数精英对华态度积极，但普通民众对华了解相对有限，甚至对华认知存在问题，这并不利于中埃共建"一带一路"。在国际关系领域，物质层面的互有所需，以及观念层面的理念汇聚是推动合作的最重要动力。长远来看，埃及民间对华了解不足显然会影响双方的深层合作。随着长期致力于对华友好的埃及人士逐渐老去，他们对当下埃及社会的影响也正在减弱。埃及社会年轻化程度越来越高，据统计，在埃及人口中，有60%的人年龄在30岁以下。新一代青年群体对中国的认知不足，甚至存在陌生感。此外，埃及民众对中国的认识深受西方媒体报道的影响。西方长期对华肆意歪曲报道和丑化宣传很容易误导埃及的青年群体，造成他们对华制度建设、宗教信仰等方面的误解。据统计，埃及民众对中国的好感度在2016年仅为53%。

最后，埃及的营商环境也对中埃共建"一带一路"构成了一定制约。一方面，埃及整体的营商环境存在一些问题。埃及社会中腐败文化盛行，政府办事效率低下，以及不利于外国投资者的税收政策，造成了中国商人在埃及经商的成本较高。另一方面，中埃共建"一带一路"面临一些具体问题。例如，埃及不能提供共建"一带一路"的金融支撑环境，并且在一些具体合作领域中缺少相应的合作文件，这对埃及参与"一带一路"产生了消极影响。因此，在埃及同中国政府双边关系不断得到提升的这一背景下，以及埃及对"一带一路"建设保持巨大的参与热情的情况下，埃及不佳的营商环境制约了中埃共建"一带一路"的努力。

面对这些障碍,中埃两国在共建"一带一路"的过程中,应当在应对埃及的安全风险,补齐埃及民众对华认可度低的短板,提升埃及的经济"造血"能力等几个方面着力。

第一,构建有效应对埃及安全风险的研判、预测和反应机制,确保中埃共建"一带一路"平稳发展。针对埃及面临的主要内生性和外源性地缘政治风险,中国应该研究构建能够有效应对相关风险的研判、预测和反应机制。

针对内生性安全风险范围大、频率快和离散性的特点,中国应加强安全风险研判预测,围绕安全对中国"一带一路"项目影响的若干要素,构建埃及安全风险数据库。在梳理整理数据的基础上,建立可靠有效的研判预测机制,在短期内可建立安全风险对相关产业链冲击影响的预测模型,欧美国家这方面已有相关成熟的研究成果,中国可以借鉴使用。

针对外源性安全风险主导权缺乏和战略合作选择多的特点,中国应调整好国家利益和全球利益的平衡关系,在研判预测安全风险过程中,多与全球性大国和发达经济体共同多推动多边合作项目,在埃及形成支持"一带一路"的"统一战线"。围绕党的十九大提出的"包容、普惠"等先进理念,在安全风险应对机制方面下大气力寻求多边合作。要研究如何提出既有利于自己又容易被埃及接受的新应对机制，争取得到全球大国和埃及的支持，扩大中国应对安全风险的回旋余地。

由于中埃两国都面临恐怖主义的压力，中国可加强同埃及的反恐合作。一方面，中埃要加强反恐机制建设。通过相关机制合作，两国共同努力追缉并惩处在两国的恐怖主义团伙和组织成员，切断恐怖主义团伙与组织的资金来源。在涉恐情报信息交流、调查取证、缉捕及遣返犯罪嫌疑人等领域相互给予最大限度的合作。另一方面，要提升双方的"去极端化"合作。中国支持埃及的爱资哈尔清真寺的宗教权威，以及其他进步宗教人士在宣传和平、现代、温和的伊斯兰理念中所起到的积极作用。同时，可以组织两国宗教人士交流对话，倡导温和中正的伊斯兰思想，让普通民众接触和认可这种"反极端化"的理念。

第二，加强中埃之间的民心相通，让两国民众能够客观、真实地了解彼此，提升民众之间的好感度，确保中埃共建"一带一路"长远发展。"一带一路"建设需要有良好的人文软环境的支撑，埃及是参与"一带一路"建设的重要国家，为了能够使"一带一路"倡议为埃及所接受，特别是为广大民众所认知，有必要加强中国在埃及的软实力建设，提升中国在埃及的影响力和存在感，提高中国在埃及民众心中的好感度。

一是加强埃及精英对中国的好感度。中国可以邀请埃及的专家学者到中国来，通过召开研讨会、合作研究、在科研和调研工作上给予方便等形式，向他们宣传中国的政策，特别是"一带一路"倡议的准确内涵，使他们能够在国内民众中宣介"一带一路"倡议。

二是着眼于长远发展，建立中国与埃及的青年群体多层面交流机制，加深了解，增强其对中国的认知度、好感度，推动民心相通。一方面，建立中国与埃及的青年交流机制，扩大埃及来华学习人员的规模，以便让埃及青年更深入地了解中国。另一方面，加强与在华埃及留学生的长期联系机制，跟进和关注这些学生学成后的动向，保持经常性沟通。

三是提高品牌意识，扭转中国产品负面形象，打造代表中国的工业品牌和文化品牌。在埃及，普通民众对于西方标准和西方产品的接受度较高，而质量低劣几乎成了中国商品的代名词。因此，在广大民众中树立中国的良好形象，不能仅仅依靠大的工程项目，更重要的是依靠与百姓日常生活息息相关的商品。可以说，打造值得信赖的名牌产品是在埃及顺利推进"一带一路"建设的重要保证。

四是加强中国在埃及公共外交投入的有效性。长期以来，由于中国公共外交的自身特点，导致中国在埃及的公共外交存在诸多问题，亟须改进。中国的文化商品缺少文化"软性"，不能提供有吸引力的叙事，这很难赢得埃及民众的认同。因此，中国应将软实力视为针对民众、依赖魅力的展示方式，加强其吸引力、感召力和公信力。只有如此，才能加强软实力建设的实际效果。

第三，以发展为主线推进中国与埃及的经济合作，助推埃及工业化进程，提升埃及的经济"造血"功能，确保中埃在"一带一路"倡议下实现共享发展。由于长期处于世界经济体系的"边缘"，埃及面临着经济不发展的问题。埃及经济欠发展、效率低下不仅直接破坏民众的福祉，而且影响政权的稳定。埃及动荡的根源是不发展，因此实现埃及的发展具有根本性的重要意义。所谓"己欲立而立人，己欲达而达人"，只有实现共同繁荣，单个国家的发展才是可持续的，因此，中国致力于通过加强与埃及的经济务实合作，促进共同繁荣与进步。

二是支持埃及的经济发展，提升埃及的自主、平衡和创新发展能力。中国与埃及的经贸合作首先应着眼于促进其改善民生，例如增加从埃及的进口，承接其基础设施建设项目等。对于中国来讲，埃及的主要比较优势是农产品、能源资源等，中国已经有意识地增加对埃及这些产品的进口，今后可以进一步增加其进口数量。长远来看，中国可以建立对埃及贸易逆差的补偿机制，缓解两国的经济不平衡问题。例如，中国将一定数额的中埃贸易获利用于对埃及的投资、基础设施建设、低息贷款甚至无偿援助，埃及可以在某些方面对中国予以政策优惠。

二是助推埃及再工业化和现代化，从根本上解决埃及的不发展问题。中国推动国际产能合作，不啻为埃及的工业化发展提供了难得的历史性机遇。目前，埃及政府高度重视工业化问题，中国企业已经在水泥、玻璃、机电等领域加大了对埃及的投入。两国还将在其他工业领域加强合作，中国可以通过技术转让、员工培训、资金投入等，加快埃及的工业化进程。此外，中国可以在对埃投资的企业中要求雇用更多的大学生、青年人和妇女，让这些社会边缘群体获得更好的机会。这样不仅能促进埃及的经济发展，而且能促进埃及社会的平等，还可以提升普通民众对中国的好感度。

总之，进入21世纪以来，随着中埃全面战略伙伴关系的确立，"一带一路"共建又为中埃深入合作注入了新动能，展现了新机遇，"一带一路"倡议与埃及的"2030愿景"战略对接稳步推进，引领着两国关系全面跃升和高质量发展。从更广阔的背景看，中埃战略合作不仅有利于中埃两国的发展和稳定，而且有利于非洲和中东地区的和平与繁荣，是构建"人类命运共同体"的重要实践。未来中埃战略伙伴关系的高质量和高水平发展，需要以新安全观推进安全环境建设，有效防范和应对各种安全风险；需要以新发展观推进国家能力建设，把握数字经济时代脉搏，立足于提升自主创新能力；需要以"一带一路"共建为契机，促进产能合作，助推埃及工业化进程，实现经济可持续发展；需要扩宽中埃交流机制，建立多层面特别是青年群体交流渠道，加深好感度，推动民心相通，才能实现中埃关系更高层次的持久发展。

参考文献

毕健康：《埃及现代化与政治稳定》，社会科学文献出版社 2005 年版。

陈天社等：《穆巴拉克时期的埃及》，社会科学文献出版社 2019 年版。

戴晓琦：《阿拉伯社会分层研究：以埃及为例》，宁夏人民出版社 2013 年版。

哈全安：《埃及史》，天津人民出版社 2016 年版。

商务部国际贸易经济合作研究院等：《2018 对外投资合作国别（地区）指南：埃及》，2018 年版。

王海利：《埃及通史》，上海社会科学院出版社 2014 年版。

王泰：《埃及的政治发展与民主化进程研究：1952—2014》，人民出版社 2014 年版。

肖宪：《当代中国—中东关系》，中国书籍出版社 2018 年版。

杨福昌:《塞西当选总统后的埃及形势》,《西亚非洲》2014 年第 5 期。

杨灏城、江淳:《纳赛尔和萨达特时代的埃及》,商务印书馆 1997 年版。

杨灏城、许林根编著:《列国志·埃及》,社会科学文献出版社 2006 年版。

杨灏城:《埃及近代史》,中国社会科学出版社 1985 年版。

赵军:《埃及发展战略与"一带一路"建设》,《阿拉伯世界研究》2016 年第 5 期。

中国外交部:《中华人民共和国和阿拉伯埃及共和国关于建立全面战略伙伴关系的联合声明》,2014 年。

中国外交部:《中华人民共和国和阿拉伯埃及共和国关于加强两国全面战略伙伴关系的五年实施纲要》,2016 年。

中国外交部:《中华人民共和国和阿拉伯埃及共和国关于建立战略合作关系的联合公报》,2000 年。

Aftandilian, Gregory, *Can Egypt Lead the Arab World Again? Assessing Opportunities and Challenges for U. S. Policy*, Strategic Studies Institute and U. S. Army War College Press, 2017.

Barfi Barak, *Egypt's New Realism: Challenges under Sisi*, The Washington Institute for Near East Policy, 2018.

Economist Intelligence Unit, *Country Forecast*, Egypt.

Fahmy, Dalia, Daanish Faruqi (eds.), *Egypt and the Contradictions of Liberalism-Illiberal Intelligentsia and the Future of Egyptian Democracy*, Oneworld Publications, 2017.

Ministry of Planning, Monitoring and Administrative Reform, Egypt, *Sustainable Development Strategy: Egypt Vision 2030*, 2016.

Mordechai Chaziza, "Comprehensive Strategic Partnership: A New Stage in China-Egypt Relations", *Middle East Review of International Affairs*, Vol. 20, No. 3, Winter 2016.

王林聪，中国社会科学院西亚非洲研究所（中国非洲研究院）研究员，中国社科院大学西亚非洲系教授、博士生导师。现任中国非洲研究院副院长、中国社会科学院西亚非洲研究所副所长。兼任中国中东学会副会长兼秘书长，中国社会科学院海湾研究中心副主任。国务院"政府特殊津贴"专家。主要从事中东政治、安全以及国际关系等领域研究。现主持中国社会科学院登峰战略优势学科"当代中东研究"项目。先后发表中东研究方面的学术成果100多万字。主要代表作有《中东国家民主化问题研究》（独著），《"一带一路"建设与中东》（研究报告，合著），《"土耳其模式"新变化及其影响》（论文）和《中东安全问题及治理》（论文）等。

朱泉钢，中国社会科学院西亚非洲研究所（中国非洲研究院）助理研究员，法学博士，世界历史学博士后。主要从事中东政治、军政关系以及国际关系等方面研究。先后发表十几篇中东研究方面的学术成果。主要代表作有《论军队在埃及变局及其政治转型中的作用》（论文）和《也门多重武装力量的崛起与安全治理困境》（论文）等。